前汉

蔡东藩◎著
文斐◎改写

中国画报出版社·北京

图书在版编目（CIP）数据

蔡东藩少年中华史. 前汉 / 蔡东藩著；文斐改写. -- 北京：中国画报出版社, 2025.4
ISBN 978-7-5146-2373-4

Ⅰ.①蔡… Ⅱ.①蔡… ②文… Ⅲ.①中国历史－西汉时代－少年读物 Ⅳ.①K209

中国国家版本馆CIP数据核字(2024)第042001号

蔡东藩少年中华史　前汉

蔡东藩　著　　文斐　改写

出 版 人：方允仲
责任编辑：程新蕾
责任印制：焦　洋

出版发行：中国画报出版社
地　　址：中国北京市海淀区车公庄西路33号　　邮　　编：100048
发 行 部：010-88417418　010-68414683（传真）
总编室兼传真：010-88417359　版权部：010-88417359

开　本：32开（880mm×1230mm）
印　张：8
字　数：176千字
版　次：2025年4月第1版　2025年4月第1次印刷
印　刷：三河市天润建兴印务有限公司
书　号：ISBN 978-7-5146-2373-4
定　价：58.00元

Editor's Note
编者说明

蔡东藩写的历朝史演义，总共有十一部，囊括了前汉、后汉、两晋、南北朝、唐朝、五代、宋朝、元朝、明朝、清朝、民国的重要历史事件。这十一部历史演义组合起来，形成了浩瀚而通俗的中华通史，为普及中国历史知识作出了不可磨灭的贡献，他也因此成为当时最知名的历史学家之一，被誉为"一代史家，千秋神笔"。

蔡东藩写的历史演义小说，名为"演义"，但由于他主张尊重历史事实，在写作过程中废寝忘食地搜集历史资料，所以书中的历史故事大都有比较明确的史料来源。不过，读者们还是需要明白：既然蔡东藩写的是"演义"，那么在行文之时就难免会有一些小说化的处理方式，如臆测人物的心理活动、引用一些更加吸引眼球的野史说法、加入自己的主观判断等，所以，我们在阅读时，一定要加以甄别。

另外，本书中许多主观上的评述，其观念未能摆脱作者所处时代的影响，是陈旧的、迂腐的，如对"红颜误国"的错误认识，对农民起义的抹黑评价，对民族交流的负面意见等。这部分内容是需要摒弃的，这也是本书编写过程中的一项重要工作。

除了剔除糟粕，在编写本书时，我们对内容进行了科学的缩编。要知道，蔡东藩的十一部历史演义，原文有七百万字之多，虽然内容引人入胜、人物刻画生动，但是如果给孩子读的话，篇幅还是太长。我们力求在保留原著特色的前提下，对蔡东藩原著进行了缩写、改编，让它更容易被孩子们所接受，更符合孩子的阅读习惯。因此，它是一套特别适合给孩子看的历史普及类读物，希望我们的小读者能从中找到阅读的乐趣，了解泱泱中华数千年来走过的风雨历程。

蔡东藩
少年中华史

前汉

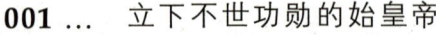

001 ...	立下不世功勋的始皇帝
006 ...	求仙问道遇刺客
013 ...	南征北战，焚书坑儒
020 ...	始皇驾崩，兄弟相残
025 ...	大楚兴，陈胜王
030 ...	应运而生的真命天子
036 ...	四分五裂，众叛亲离
042 ...	项氏与沛公
046 ...	李斯与赵高
050 ...	破釜沉舟战秦军
056 ...	秦朝的覆灭
061 ...	鸿门宴，宴无好宴
066 ...	明修栈道，暗度陈仓
071 ...	楚汉相争
077 ...	小儿一言救万民
082 ...	暂时的修和

目录 Contents

087 ... 英雄末路，汉王称帝
092 ... 封侯定制的正确方法
098 ... 白登山危局
103 ... 吕后："功臣收割机"
108 ... 皇帝驾崩
114 ... 心狠手辣的吕后
119 ... 刘家天下还是吕家天下
124 ... 吕氏一族的惨淡收场
128 ... 文帝与张释之
133 ... 淮南王之死
138 ... 朝堂上的迷信风潮
144 ... 一场削藩引发的七国之乱
149 ... 金屋藏娇
156 ... 卫氏一族的崛起
162 ... 凤求凰
167 ... 诛灌夫，斩窦婴

蔡东藩 少年中华史

前汉

171 ... 《长门赋》与"飞将军"
176 ... 帝国双璧两舅甥
181 ... "飞将军"的遗憾
186 ... 兔死狗烹,鸟尽弓藏
191 ... 实力不够,兵力来凑
197 ... 苏武牧羊,太子伏诛
203 ... 做皇帝的代价
208 ... 繁华下的内忧外患
212 ... 牢狱里的真命天子
219 ... 边地狼烟再起
225 ... 匈奴臣服,万国来朝
230 ... 王朝倾颓的开端
236 ... 后宫里的那些事
242 ... 王莽:窃国似乎并不难

立下不世功勋的始皇帝

自古以来,"皇帝"二字的背后,从不是什么积德行善,而是隐藏着无数的血腥。

秦朝的第一个皇帝是嬴政。关于他的身世,世间有着诸多扑朔迷离的传闻。

相传秦孝文王有个儿子名叫异人,他在赵国做人质的时候,结识了一个名叫吕不韦的商人。两人一见如故,异人很快就把自己的事情都告诉了吕不韦。

当时异人的父亲孝文王柱还是太子,他有二十多个儿子,异人只是其中很不起眼的一个。那时候,孝文王最宠爱的是华阳夫人,但华阳夫人一直都没有生下儿子,于是吕不韦就提议,让异人去讨好华阳夫人,认她做母亲,这样就能借助华阳夫人得到的宠爱为自己的将来铺路。为了帮助异人达成心愿,吕不韦自愿拿出千金,送给他做活动经费。

吕不韦之所以这么做,当然不是发善心,而是他认为异人"奇货可居",将来能给自己带来更大的好处。

赵都有一个十分美丽的歌姬,吕不韦取得异人的信任之后,便花费重金将她纳作小妾。之后，吕不韦又找了个机会，设宴款待异人，并故意让他瞧见美貌的赵姬。异人果然被赵姬的美色所吸引，吕不韦便顺水推舟地把赵姬赠予给异人。

据说吕不韦将赵姬赠予异人时，她的腹中已有两个月的身孕。但奇特的是，这一胎赵姬怀了十二个月，才诞下一个男婴，取名为政。这个男婴就是后来大名鼎鼎的嬴政。

三年之后，秦、赵失和，异人在吕不韦的帮助下逃回咸阳，并按照原定计划讨好华阳夫人，认她做了母亲。后来，孝文王即位，果然立异人做了太子。结果，才过三天，孝文王就去世了，异人也就顺理成章地成为秦国的王，并立赵姬为王后，政为嗣子，晋封吕不韦为相国、文信侯，封给了他河南洛阳十万户。

转眼不过四年，异人就因病去世了，享年三十六岁。那时候，政刚满十三岁，子承父业，做了秦国的新大王，追谥异人为庄襄王。因为政年龄小，不能亲政，国事就交到了吕不韦的手上，还尊称他为仲父。

此时的赵姬虽然被尊为太后，但她还很年轻，不到三十岁。

随着秦王政一天天长大，吕不韦也在一天天老去，他便物色了一个名叫嫪毐的浪子，安排他以假阉人的身份入宫服侍庄襄太后。结果，庄襄太后与嫪毐朝朝暮暮，竟然有了身孕。为了保住腹中孽种，嫪毐买通一个会卜卦的人，以迁居避祸为由，让庄襄太后迁去雍宫居住，秘密诞下私生子。

嫪毐靠着太后的宠爱，被封为长信侯。后他又被加封太原郡国，还和太后有了私生子，不由得便有些飘飘然起来，甚至妄想在秦王政死后，让自己和太后的私生子即位做大王。

一日，嫪毐在和其他大臣饮酒时，一时忘形，竟狂妄地自称是秦王政的义父。这事很快就被秦王政知道了，他非常愤怒，立刻派人调查，得知了嫪毐和庄襄太后的丑事。

眼看事情已经没有回旋的余地，嫪毐干脆铤而走险，发动政变。最终，嫪毐大败，被处以极刑，诛三族。嫪毐与庄襄太后的两个私生子也未能逃过一劫，太后也被赶出咸阳，幽禁嫚阳宫。至于吕不韦，虽然算是罪魁祸首，但秦王政念他劳苦功高，只将其贬谪到河南。

秦王政的处事方法引起了诸多大臣的不满。不少大臣上疏直谏，让秦王政将太后迎回。秦王政非常愤怒，直接下令处死了几个敢于直谏的官员，弄得朝堂上下人心惶惶，其余大臣也不敢再说什么。

这时，一个叫茅焦的老臣站了出来，对秦王政说道："陛下，您幽禁母后，诛杀兄弟，屠戮谏士，这种行为，比起夏桀和商纣都有过之而无不及。这些事若是传扬出去，必然会危及陛下的统治。臣不畏死，情愿直谏！"

说完之后，茅焦就准备解衣自尽。秦王政连忙阻拦，接纳了他的谏言，并拜其为上卿，迎回了庄襄太后。

吕不韦被贬到河南之后，山东各国依然有不少人拜访他。秦王政担心他叛乱，又将他赶到蜀中。吕不韦知道，自己已经失去秦王政的信任，将来恐怕也不会有什么好结果，还不如就此了断，给自己留一分体面。打定主意之后，吕不韦便服毒自杀了。

此后，庄襄太后一直沉浸在悲痛中，不过七八年便病亡了。庄襄太后死后，秦王政下令将其与父亲庄襄王合葬。

蔡东藩·少年中华史

自此之后，秦王政独揽秦国大权。当时，山东各国都已经逐渐衰落，秦国则兵强马壮。于是，野心勃勃的秦王政陆续出兵，荡平六国，统一了中原。

干出这等空前的大事业，秦王政踌躇满志。他让群臣尊称自己为皇帝，追尊庄襄王为太上皇，自己为始皇，即第一个完成大一统的君王。随后，他又命李斯规划疆土，将天下划分为三十六郡。

立下这等绝世功勋，秦始皇认为自此便可天下无事，安享天年

立下不世功勋的始皇帝

了。于是,他在咸阳北修筑了一座王宫,将从六国搜罗来的美人都安置其中。仅仅过了一年,秦始皇就嫌弃这座王宫狭小,于是又在渭南添造了新的宫室,称为信宫,后改名为"极庙"。之后,他又从极庙迁到骊山,造了一座极其宏伟的甘泉前殿,简直穷奢极欲。

秦始皇虽然大兴土木修筑了许多宫殿,天天游宴,但日子久了,他又觉得这样的日子实在索然无味,于是就起了御驾巡游的心思。如此这般,自然又是一通劳民伤财。

皇帝专制四字,是笼罩全书之大宗旨。秦造成之,汉沿袭之,是秦汉本一脉相关,无甚区别。

始皇吞并六国,自称皇帝,种种法令,无一非毒民政策,彼果若知孝亲,何至如此不仁?不过彼毒民,民亦必还而毒彼,彼以为智,实则愚甚。吕不韦欲愚人而卒致自愚,始皇亦欲愚民而终亦自愚。

求仙问道遇刺客

始皇二十七年（前220）秋，秦始皇携百官下诏西巡。为了讨得始皇欢心，各地官吏积极奔走、迎来送往，消耗金银巨大。然而，当时正值深秋，草木凋零，沿途实在没有什么风景，秦始皇很快就厌倦了，顺着原路返回咸阳，结束了这次西巡。

冬尽春来，万物复苏，秦始皇又再次萌生出游的兴致。这一次，他决定携文武百官向东游玩，一直走到齐鲁故地，登上邹峄山。

站在邹峄山上，秦始皇眺望东方，只见一座更为雄伟的山峰正与邹峄山遥相呼应。秦始皇不禁问道："那莫非就是东岳泰山？"

得到肯定的回答后，秦始皇又说道："朕听闻，古时三皇五帝都会在东岳举办封禅大典，那具体是怎么办的呢？"

手下人答不上来，只好借口年代太远，无从考证。

但秦始皇显然已经起了心思，不会轻易放弃，于是下令，让人召集一些读书人，在泰山脚下准备接驾，帮他答疑解惑。随后，始皇又命人写了一篇文章，为他歌功颂德，并将其铭刻在邹峄山上。

第二天，秦始皇到泰山脚下的时候，已经有数十个儒生候在那里了。秦始皇向他们询问封禅的仪制，但时代确实久远，这些儒生也都不甚了解，没有给出让秦始皇感到满意的答案。最后，秦始皇直接下令，让人开道上山，立石作志。

下山的时候，刚到半山腰，秦始皇一行人就遭遇了狂风骤雨，幸好有五棵大松树帮他们遮蔽风雨。始皇非常高兴，雨停之后便下令封这五棵松树为"五大夫"，以奖励它们护驾有功。

离开泰山之后，秦始皇一行人又沿着渤海一路东行。每到一个地方，他都要立石记功，宣扬自己的不世功勋。

抵达琅玡山时，秦始皇见到一处古台遗址，据说是越王勾践称霸时修筑的，用于号召秦、晋、齐、楚歃血为盟。始皇一听，便说道："越王勾践不过是争霸中原，就修筑了一座琅玡台，朕如今坐拥天下，难道还比不过勾践？"于是便下令，让人立即广招劳力，日夜赶工，将旧台削平，另建一座新台，然后将自己的功勋刻在石头上。

为了督造这座新的琅玡台，秦始皇一待就是三个月。这三个月中，他常常在山上眺望东海，隐约见到海中像是有楼阁街市，人影往来，但仔细辨认，又转瞬即逝，什么都看不到。始皇觉得非常惊奇，手下便有人趁机进言说："这或许正是海上的三座神山：蓬莱、方丈、瀛洲。"

始皇大惊，猛然醒悟："相传曾有燕人入海成仙，说海上有三座神山，山上众仙云集，且有不死神药。齐威王、齐宣王和燕昭王都曾派人寻访，但都不曾找到，没想到竟然是真的！可惜，朕不能亲自寻找，求那不死神药。朕虽贵为天子，却也逃不过生老病死！"

有了这等念想之后，"成仙""不死神药"就一直萦绕在秦始皇的心头，让他夜不能寐。恰巧这时，徐福等人上了一封奏疏，说斋戒沐浴以后，带领童男童女乘船，就能找到神山。始皇便下令，让徐福率领数千童男童女一起到东海寻访神山，求不死神药，自己则只能在无限的不舍中先行一步，启程西归。

据说周鼎原本有九个，但当初秦昭王移鼎入咸阳路过泗水时，有一个鼎掉入了水里。

在回程途中路过彭城时，秦始皇便突发奇想，让人顺道搜寻遗失在泗水中的鼎，可惜白费了很多力气也没能找到。

等秦始皇一行人到达湘山祠的时候，水面上突然刮起一阵狂风，险些把船给掀翻了，众人吓了一跳。上岸之后，秦始皇见前方有一座高山，隐约露出红墙，便问道："这就是湘山祠？"

手下点头应是。

秦始皇又问："祠中供奉的是什么神仙？"

手下人答："是湘君。"

秦始皇继续询问湘君的来历，一个博学的大臣便将舜帝的两位妻子为其殉情的故事说了一遍。结果始皇大怒，说道："皇帝出巡，百神开道，小小的湘君却敢来惊扰？速将这山上的树都砍了，以平朕心头之愤！"

手下人不敢违逆，连忙让当地官吏调拨三千囚犯，不仅将树全部砍掉了，还放了一把火，把山头烧得光秃秃的。始皇这才满意，起驾回朝。

回到咸阳之后，没待几个月，秦始皇就坐不住了，又起了外出巡游的心思。文武百官不敢拂逆，只得又一次跟着他浩浩荡荡地离开咸阳城，向东进发。

求仙问道遇刺客

在途经博浪沙的时候,只听一声巨响,一个巨大的铁锤突然飞了过来,擦着秦始皇的御驾,砸进了旁边的一辆车中。众人大惊失色,纷纷围拢上来,护住秦始皇的御驾。等回过神来再去抓捕刺客的时候,刺客早已不见踪影。

主使这场刺杀的幕后人物,姓张名良,字子房,是韩国人。他的祖父和父亲都曾是韩国的丞相,先后侍奉了韩国五位君主。秦灭韩后,张良就一心想要为国报仇,甚至散尽家财寻找敢去刺杀秦始皇的人。但秦始皇的威名实在太盛,根本没有人敢接这单生意。

后来，张良借游学之名，前往淮阳，找到了一代豪侠仓海君，怂恿他去刺杀暴虐的秦始皇。

仓海君给张良推荐了一位力士，这个力士就是当时向秦始皇车驾投掷铁锤的刺客。只可惜，他们的计划并没有成功。

刺杀失败之后，为了躲避通缉，张良逃到了秦国一个临海的属县下邳，一直隐姓埋名，直到秦始皇死后才敢出来。

一次，张良在桥上遇到一个老头。这老头从张良身边经过时，鞋子掉到了河里，他便毫不客气地冲张良说道："喂，小子，快下去帮我把鞋捡回来！"

听到这不客气的招呼声，张良很生气，但见他已经老态龙钟，似乎行动不便的样子，也就没有和他计较，便下河帮老头捡回了鞋。

结果，这老头还真的是一点儿不知道客气，脚一伸就大大咧咧地说道："帮我穿上。"

张良真的是既好气又好笑，但还是忍着火气帮老头把鞋穿上了。鞋一穿好，老头就直接起身离开了，连句道谢的话也没有。张良觉得这老头有些奇怪，便远远跟在他的身后，想瞧瞧他到底要去做什么。

这时，老头突然停下脚步，转过身说道："孺子可教。五日之后，天色微明，你到此地见我。"之后便扬长而去，张良也没有再继续跟随。

五日之后，张良应约前来，老头已经等在那里，一见张良便劈头盖脸地骂道："与长者相约，本应早到，你却这时才来？五日之后再来见我。"说罢，便转身离去。

求仙问道遇刺客

又过五日，张良早早就出发了，结果到了约定的地方一看，老头已经到了，自然又是一通责备，然后约定下一个五日。

再五日，张良连觉都不敢睡，天不亮就到了约会地点，总算是比老头先到了。见到张良后，老头终于满意了，取出一本书给他，并说道："读了此书，你将来必定能辅佐帝王兴国。十三年后，济北谷城山下，你若是见到黄石，那便是我。"

这位神秘老头交给张良的书，便是《太公兵法》，而"太公"就是周文王的老师姜子牙。得到此书后，张良手不释卷，将其背得滚瓜烂熟。据说后来，张良跟随汉高祖路过济北谷城山下时，果然见到一块黄石，而那时距离张良遇见老头，恰好过了十三年。

011

> **蔡公曰** 巡狩古制也，而封禅不见古书，惟《管子》中载及之，此未始非后人之譌（wèi）言，伪托管子遗文，作为证据，欺惑时主耳。况古时天子巡狩，度亦必轻车简从，不扰吏民，宁有如秦皇之广筑驰道，恣意巡游，借封禅之美名，为荒耽之佚行也者？而且筑琅玡台，遣方士率童男女数千，航海求仙，种种言动，无非厉民之举。至若渡江遇风，即非真天意之示儆，亦应知行路之艰难，奈何迁怒湘君，复为此伐木赭山之暴令也！后世以好大喜功讥始皇，始皇之恶，岂止好大喜功已哉！

南征北战，焚书坑儒

自从在博浪沙遭遇刺杀之后，为了自身安全，秦始皇终于暂时消停下来，在皇宫里一待就是三年。但随着事情逐渐淡去，日子越来越无聊，秦始皇就又动了出宫游玩的心思。这一回，为了不暴露自己的行踪，他决定微服出巡，只随身带着几名勇士保护自己。

这天，秦始皇在出行游玩时，突然听到路边有人在唱歌，一打听才知道，原来这歌谣还和当地一个名叫茅盈的道士有关。相传茅盈的曾祖叫茅濛，曾在华山得道成仙，而这歌谣就是那个仙人茅濛流传下来的，当地的人都会唱。

这激起了始皇的兴趣，他赶紧把歌谣记下来，回宫之后就按照歌谣中的意思，下诏将腊月改称嘉平月，作为求仙问道的开始。然后，又让人在咸阳东边凿了一个长二百里、宽二十里的池子，名为兰池，池中用石头修筑亭台楼阁，以"蓬瀛"为名。竣工之后，秦始皇常常会微服出行到这里，望着兰池和蓬瀛畅想海中的仙山与神仙。

好巧不巧，一伙盗贼暴徒在逃亡途中躲避到了兰池，并把这儿当成临时的巢穴，昼伏夜出。

这天晚上，始皇又带着几名贴身侍卫乘着月色来到兰池，结果人刚到，这伙盗贼暴徒就冲了出来。始皇大惊失色，好在侍卫武功高强，训练有素，这帮乌合之众根本不是他们的对手，交手没一会儿，就把那些人都打跑了。经此一事，始皇大怒，下令让人全城搜查这些贼人，自己也不再微服出行了。

转眼又是一年，秦始皇那颗蠢蠢欲动的求仙之心又活络起来，准备再次东游，寻找仙缘。

此时，一个名叫卢生的燕人，因为能说会道，讨得了秦始皇的欢心，始皇便将在海上寻访仙人的重任交给了他。

卢生一去就是数日，回来后便绘声绘色地捏造了许多玄妙的事情告诉始皇，并给他呈递了一本书，说自己虽然未能取得仙药，但却把仙书抄来了。

这本"仙书"只有寥寥数百字，写的都是些迷离恍惚之事，让人看得云里雾里，唯有一句特别明晰——"秦将被胡人所灭"。

看到这句话，秦始皇心中大惊。胡指的是北方的匈奴，这个部落曾多次入侵中原，按照仙书所说，大秦天下将来会亡于胡人之手。既然如此，自己为何不趁着现在强大的时候就消灭他们，消除将来的隐患呢？有了这样的想法，秦始皇立刻决定改道向北，并下令让将军蒙恬调兵三十万人，讨伐匈奴。

这一仗来得猝不及防。匈奴没有任何防备，很快就被秦军打得四处逃窜，肥沃的河套就此划入秦朝的版图。蒙恬在此分设四十四县。之后，他继续追击匈奴，占领了阴山等地，又分设三十四县。蒙恬又命人将从前诸侯国修筑的长城连接起来，西起临洮，东达辽东，连绵万余里，号称万里长城。

南征北战，焚书坑儒

万里长城是中国建筑史上的奇迹，同时也浸满了劳苦人民的鲜血。为了修筑这一工程，秦朝在十余年间耗费了许多金银，无数百姓劳工命丧于此。

平定塞北之后，秦始皇并没有完全放下心来。这一次，他把目光转向岭南。岭南气候炎热，山高林密，环境潮湿，遍布毒蛇猛兽，还有许多天然形成的瘴雾。虽然环境艰苦，行军困难，但是由于居住在岭南的人没怎么打过仗，势力比较分散，他们一见到训练有素的秦军，立马就吓破了胆，哪还敢对敌？就这样，岭南也划入了秦朝的版图。

平定南北之后，秦始皇越发志得意满，在咸阳宫大摆筵席庆祝。大臣们纷纷阿谀吹捧秦始皇的功绩，把秦始皇哄得非常高兴。这时候，一个名叫淳于越的大臣突然插嘴道："臣听说殷、周两朝传代久远，他们的国君在开国之后都会分封藩王。如今陛下拥有海内，但却从未分封过藩王，这要是将来有人作乱，那可怎么办啊？"

听到这话，秦始皇的脸色顿时变了，并询问其他大臣的看法。左丞相李斯是创立郡县、废除封地的提倡者，自然不同意淳于越的话。他愤怒地驳斥道："治道无常，贵在变通。如今陛下开创大业，建万世法，哪里是这些愚蠢的儒生能明白的？如今天下太平，百姓各司其职，可却还有一些人，不懂变通，非议当世，陛下可不能被他们所迷惑！"

虽然李斯的意见得到秦始皇的认可和支持，但一想到朝堂上还有淳于越那样的人，李斯就余恨难消，当即列出数条法令，呈交给秦始

皇。得到始皇的首肯后，李斯当即下令，将咸阳附近的书籍全部没收并烧毁。此后，这些法令又被逐步推广到各郡县。就这样，除了皇宫所藏的书籍，以及居住在曲阜县孔氏后人冒死藏匿的部分典籍之外，天下书籍几乎都被付之一炬。

始皇三十五年（前212），喜新厌旧的秦始皇又一次大兴土木，修筑宫殿。这一回，他想要修筑一座规模宏大、震古烁今的宫殿。由于这座宫殿规模实在太浩大、太豪华了，一直到秦始皇驾崩时，都没能全部修筑完成。这座宫殿就是赫赫有名的"阿房宫"。

修筑阿房宫的时候，秦始皇曾对卢生感叹说："朕虽贵为天子，看似无所不能，但却始终有一个遗憾，那就是不能见到仙人，求取不死神药。"

听到这话，卢生便信口答道："臣听说，想要求得仙术，必须隐藏行踪，避除鬼物，这样仙人才会降临。陛下您现在居住的地方，人人都知道，所以仙人才不愿现身。"

秦始皇一听，觉得卢生说得特别有道理，便下令让人把咸阳附近的二百多座宫殿全部修筑复道、甬道连接起来，免得自己巡游时被人窥见行踪。

一次，秦始皇在梁山宫巡游时，见到一队人马经过山下，阵仗十分宏大，车骑也华丽得很，一打听，原来是左丞相李斯的车队。秦始皇便感叹了一句："原来丞相的车骑竟如此威风啊！"

这事很快就传到李斯的耳朵里。他大吃一惊，赶紧减少自己出门时随行的车马。结果，始皇知道这件事后，认为一定是有人泄露了他的话语，当即就下令处死了当日在梁山宫的所有侍从。

秦始皇的暴虐让卢生后怕不已，生怕有朝一日自己的谎言会被揭穿，于是就伙同另一个名叫侯生的方士一起跑路了。

秦始皇知道后非常生气，觉得自己遭到了欺骗，并认为肯定是咸阳城里的方士和读书人在妖言惑众，于是颁布诏令，让御史将咸阳城中的数百名读书人全部抓起来审问。这些读书人本就身娇体弱，哪能经得住御史的严刑拷打，不少人被屈打成招。最终，秦始皇下令处死了所有被囚禁的读书人。

秦始皇的长子扶苏宅心仁厚，本想替这些读书人求情，结果却被秦始皇迁怒，直接把他赶去北方监督蒙恬修长城了。

处死了咸阳城里的读书人之后，秦始皇仍不解恨，又想出一条毒计。他先是发布诏令求才，让地方官员将当地有名的读书人送到咸阳，大约有七百名。然后，秦始皇把他们都封做郎官，这让读书人们欣喜若狂。

寒冬时节的一天，突然有人来报，说马谷结出许多瓜果。秦始皇便将这些郎官召集起来，说了这件奇事，并让他们跟随自己一起去马谷看看，到底是怎么回事。

到了马谷之后，众人果然看到许多刚长出来的新鲜瓜果，全都啧啧称奇。就在这个时候，突然一声巨响，许多土石从山上滚落，惊得郎官们四处逃窜。但此时马谷的出口早已被秦始皇下令堵住了，众人这才幡然醒悟，原来马谷之行竟是一场索命阴谋！

这就是历史上有名的"马谷坑儒"事件。至于那些新鲜瓜果，不过是因为骊山下有温泉直通马谷，使得这里即使在严冬也依旧有热气而已。

南征北战，焚书坑儒

始皇之南征北略，已为无名之师，顾犹得曰华夷大防，不可不严，乘锐气以逐蛮夷，亦圣朝所有事也。乃误信李斯之言，烧诗书，燔百家语，果奚为者？诗书为不刊之本，百家语亦有用之文，一切政教，恃为模范，顾可付诸一炬乎？李斯之所以敢为是议者，乃隐窥始皇之心理，揣摩迎合耳。天下非一人之天下，岂一人所得而私？

始皇不知牖民，但务愚民，彼以为世人皆愚，而我独智，则人莫予毒，可以传世无穷。庸讵知其不再传而即止耶！若夫阿房之筑，劳役万民，图独乐而忘共乐，徒令怨女旷夫，充塞内外，千夫所指，无疾而死，况怨旷者之数不胜数乎！其亡也忽，谁曰不宜！

始皇驾崩，兄弟相残

始皇三十六年（前211），一颗流星划过天际，坠落在东郡地界，化作一块石头。石头上依稀可见七个字——"始皇帝死而地分"。

秦始皇收到消息后大怒，认为是有乱民故意在石头上刻字诅咒他，便下令处死了所有居住在怪石附近的百姓，并毁掉了怪石。

秋天，一个从关东来的使臣经过华阴时，被一个人拦下。这人给了使臣一块璧，并说道："替我交给君主，告诉他'今年祖龙当死'。"话音刚落，那人便消失不见了。

使臣见到秦始皇后，立刻就将此事告诉了他，并将那块璧转交给秦始皇。神奇的是，经御府确认，这块璧竟是始皇二十八年（前219）渡江时投入水中祭神所用的那块璧。

始皇心神不安，立即召来太卜推算吉凶。太卜告诉始皇，云游、迁徙可以避祸。始皇便暗自琢磨："干脆朕去云游，让百姓迁徙，双管齐下，才能更好地趋吉避凶。"但转念又想到那句"今年祖龙当死"，始皇怕现在出游会遭到刺杀与暗算，于是决定先让百姓迁徙，等过了今年自己再出游。

就这样，秦始皇一道诏书，内地三万余百姓只得忍气吞声，背井

始皇驾崩，兄弟相残

离乡地向河北、榆中大迁徙。

秋去冬来，秦始皇一直深居简出。挨到出了正月，眼见无事发生，始皇就打算出巡了。这一次，秦始皇决定向东南出发，随行人员不计其数，其中就包括左丞相李斯、中车府令赵高及小儿子胡亥。

赵高是个太监，生性刁猾，极其善于察言观色，头脑也十分聪明，能把秦朝律令倒背如流。因这一手"绝活儿"，赵高得了始皇赏识，被封为中车府令，并被安排到胡亥身边，教导他该如何依法审案。

赵高一方面讨好秦始皇，另一方面又对胡亥极尽奉承。父子俩都将他视作忠臣，对他十分宠信。一次，赵高揽权纳贿的事情被人揭发，按照律法本应被判死刑，但却因秦始皇的维护，他不仅逃过死刑，还得以官复原职。始皇对他的宠幸可见一斑。

这次出巡，让秦始皇想起之前被派去寻找仙山和不死神药的徐福。一到海上，他便派人传徐福觐见。这几年，徐福一直借寻药之名，从朝廷领取大笔经费，在海上过着逍遥的日子，忽然听说秦始皇要见他，着实吓了一跳。但很快，徐福就镇定下来，见到始皇之后，马上开始诉苦，说海上实在太危险了，有大鲛鱼兴风作浪，必须先除去鲛鱼，才能寻到仙山。

秦始皇没有怀疑徐福的话，不仅没有给他降罪，反而又给徐福指派了几百名弓箭手，帮他一同射杀鲛鱼。不承想，众人航行到芝罘时，还真的撞见了一条巨大的鱼。一番搏斗后，大鱼晃悠悠地沉下了水。见"恶神"被除，秦始皇非常高兴，下令徐福继续带人寻找不死神药。

这一回，徐福带着六千童男童女航海东去，心中却已经生出离开的想法。他知道，自己根本不可能找到不死神药，回去只能是一死，

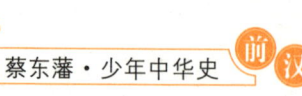

倒不如直接带着这些人另外找处地方谋生。就这样,徐福带着六千余人停留在一座荒岛上,再也没有回去。

秦始皇原本满怀希望地在海上等着徐福归来,谁料他竟然杳无音信,没有办法,等了一段时间后,只能离开了。

渡船行到平原津的时候,秦始皇突然感到身体不适,总是忽冷忽热,夜不能寐,连饭都吃不下去。抵达沙丘的行宫时,始皇已经气息奄奄,病入膏肓了。李斯非常着急,几次想问始皇,要怎么安排后事。但人人都知道,始皇最忌讳谈"死",李斯也不敢贸然进言。

眼看大限将至,始皇也知道自己熬不下去了,便召见李斯和赵高托付后事,将皇位传给长子扶苏。遗诏写完,秦始皇也咽下了最后一口气,享年五十岁。

始皇驾崩，兄弟相残

始皇驾崩后，李斯忙于筹办他的后事，赵高则趁机将诏书收藏起来。由于始皇是在出巡途中去世的，李斯怕消息传出后不利于国家稳定，便一直秘不发丧，让车队继续正常行驶。同时，他催促赵高赶紧发出诏书，将扶苏召回咸阳。

然而，此时的赵高已经有了自己的打算。他先是藏起诏书，暗地里怂恿胡亥趁机夺权。然后又去拜见李斯，告诉他遗诏已经落入胡亥手中，并怂恿他和自己联手，一起推胡亥上位。

李斯虽然拒绝了赵高的拉拢，但实际上他的内心已经动摇。因此，在得知赵高让人伪造诏书、赐死扶苏时，为了私利，他竟然选择冷眼旁观，继续和赵高一起，对外伪造秦始皇还活着的假象。

最终，扶苏在使者的逼迫下自杀身亡，蒙恬则因怀疑诏书的真假不肯自裁，只是将兵符交给王离，自愿进入阳周狱中等待发落。

得知扶苏的死讯后，赵高和李斯才将始皇的死讯发出去，然后立胡亥为二世皇帝。文武百官都以为这是始皇的诏令，自然遵从。二世皇帝胡亥即位后，赵高升任为郎中令，深得二世宠信。

安葬秦始皇之后，二世本来打算释放蒙恬，但赵高和蒙氏兄弟一直不对付，早就想将二人除去，便向二世进言说："臣听闻先帝还在时，本想立陛下做太子，但因蒙恬和蒙毅兄弟多次进言阻止而未能实现。如今扶苏死了，蒙氏兄弟必定会为他报仇，若是陛下真的把他们放了，恐怕以后就不太平了！"

二世听完这话，心中大惊，便在赵高的怂恿下，直接下令，在狱中处死了蒙氏兄弟。

一年后，秦二世效仿秦始皇，率领众臣外出巡游。每到一处，他都要复查当年始皇留下的碑文,并效仿始皇,续立石碑,刻下吹捧始皇恩威的文字。

二世的皇位本就是篡夺来的,多少有些名不正、言不顺,很快就引起其他皇子的猜疑。对此,二世十分担忧,却又不知道如何是好。

赵高得知后,便向二世进言说:"现在朝堂上的大臣们,多半是有功劳傍身的,不像我赵高,出身低微,只能仰仗陛下的照拂。这些大臣表面上都听从陛下的指挥,但其实是阳奉阴违。陛下如果想要除去这些祸患,不如另外起用一批新人来代替他们。"

二世一听,不由得抚掌叫绝,高兴地说道:"真的是太对了,就这么办!"

之后,二世和赵高开始罗织罪名,短短几天,就把皇子十二人、公主十人,以及若干旧臣和始皇的贴身侍卫统统羁押起来,施以重刑。在此期间,赵高趁机捏造罪状,排除异己,将和他有过节的人全都牵扯到案子里,一网打尽。

> **蔡公曰** 始皇稔恶,道死沙丘,赵高包藏祸心,倡谋废立,始唆胡亥,继唆李斯;胡亥少不更事,为高所惑,尚可言也,李斯身为丞相,位至通侯,受始皇之顾命,乃甘心从逆,与谋不轨,是岂大臣之所为乎?虽暴秦之罪,上通于天,不如是不足以致亡,但斯为秦相,应具相术,平时既不能匡主,临变又不思除奸,徒营营于利禄之私,同预废立之计,例以《春秋》书法,斯为首恶,而赵高犹其次焉者也。

大楚兴，陈胜王

秦二世即位后，便屠戮宗室，打杀有功之臣。之后，他又效仿秦始皇，准备再兴土木，继续修筑未完成的阿房宫，以供自己享乐。

大兴土木，自然需要钱财和劳力，那么，钱财和劳力从哪里来呢？当然是从民间索取。因此，在秦二世的暴虐统治下，百姓民不聊生，各地都出现十室九空和百姓为了活下去卖儿卖女的惨况。

然而，久居深宫的二世对此却一无所知，甚至还打算继续效仿始皇，调派百姓民夫前去塞外防范胡人。这道诏令一出，天下都为之哗然，叛乱四起。

在千里之外的阳城县，一个姓陈名胜字涉的农夫，虽从小家境贫寒，却有着远大的志向和抱负。

一次，陈胜和其他农夫一起在田间耕作。日落时分，众人坐在一起休息时，陈胜突然看着天空叹息一声。有人听到这声叹息，便关心地问他是不是有什么困难。陈胜却说："无须担心，有朝一日，我定能飞黄腾达，有所作为，到时候，你就和我一起同享富贵吧！"

那人不屑地笑道："你开什么玩笑？咱们不过就是替人耕田的佣工，贫贱至此，还能有什么出息啊！"

陈胜再次叹了口气,说道:"燕雀又怎么能够明白鸿鹄的远大志向呢?"

二世元年(前209)七月,诏令下达阳城,地方官员奉诏调发九百贫民充当戍卒,陈胜也在其中。因为身材高大、器宇轩昂,陈胜和另一个叫吴广的人被选为屯长,带领众人赶往渔阳。

经过大泽乡的时候,突然天降暴雨,道路难行,众人只好就地驻扎,打算等雨停了再继续赶路。没想到的是,这雨一下就是数日,一点儿见晴的意思都没有。

陈胜和吴广虽然此前并不相识,但由于志趣相投,且都担任屯长,很快就亲近起来。眼看这雨一下数日,他们距离渔阳还很遥远,根本无法在朝廷规定的期限内抵达。到时候，按照秦律，他们这些人都是要杀头的。

吴广思前想后，便对陈胜说道："反正都是死，咱们不如逃走吧！"

陈胜却摇摇头，说道："逃只有死路一条，倒不如拼死一搏，另图大事，或许还有机会求得富贵。"

随后，陈胜就将自己听说的关于二世杀死扶苏、篡夺皇位的事情告诉了吴广，并提出借公子扶苏和楚将项燕的名号来号召百姓起义的想法。两人一番商议，便定下计策，开始分头行动。

第二天上午，士卒去买菜时，陈胜特意吩咐买几条鱼回来。众人发现，其中一条鱼特别大，尤其是腹部圆滚滚的。士卒用刀剖开鱼腹，腹中竟有一个布条，打开一看，布条上写了三个字——"陈胜王"。

夜里，许多人躺在床上睡不着，低声谈论着布条的事情。这时，外头隐约传来一些奇怪的响动，像是有人在说话。众人凝神细听，依稀辨认出那声音说的是两句话，第一句是"大楚兴"，第二句是"陈胜王"。

众人感到惊惧又好奇，便结伴出营查看。营外是一片野地，西北角有一座古祠，隐藏在树林之中，那声音正是从古祠中传出来的。更奇特的是，在黑乎乎的树林中间，隐约还透着火光，一会儿移动到这边，一会儿又移动去那边，着实怪异。

不论是"鱼腹藏书"，还是"篝火狐鸣"，都是陈胜和吴广的计策。古时百姓多迷信，陈胜和吴广正是想要利用这一点，给人们制造出一种"天命所归"的印象，来赢得更多百姓的支持。

此事过后，陈胜和吴广开始暗地里拉拢人心。他们二人虽是屯长，但衣食住行都和部卒相同，从不搞特殊，故而一直深得人心。再加上之前种种怪异事件的影响，以及前路的必死结局，众人很快就倒戈了，愿意拥立陈胜，跟随他一起造反。

就这样，陈胜和吴广率领众人攻占了大泽乡，并以此作为起事地点。奇怪的是，就在这时，连绵已久的雨竟然停了，阳光洒满大地，水势尽数褪去。众人都认为，这是上天对此次起义的认可与帮助，更加精神抖擞、信心十足。

很快，全国各地的亡命之徒都会聚到大泽乡，加入起义的队伍。在陈胜的带领下，起义军势如破竹，迅速占领陈县，众人趁机劝说陈胜称王。就在这时，突然有人来报，说有两位大梁的勇士求见。

前来拜见陈胜的大梁勇士，一个叫张耳，一个叫陈余，都是朝廷的通缉犯。而他们之所以被通缉，据说是因为太有才能，朝廷担心他们将来造反。

这二人听说陈胜打算称王，便出言劝说道："将军如今才攻下陈县，应趁势向西进发，联合六国后人，共同抗击秦朝。如果只占据一小块地方就急着称王，不免让天下人觉得将军有私心，到时候人心尽失，后悔就晚了！"

陈胜当即就垮下脸，敷衍了一句："这事日后再议吧。"

二人显然有些失望，但因一时间找不到其他容身之处，只得留下来，但都没得到重用。陈胜很快就自立为王，国号张楚。

在楚军轰轰烈烈起义的时候，秦二世正沉迷淫乐，朝政把持在赵高手里。赵高搁置了外面的全部奏报，导致陈胜已经起兵数月，二世仍旧一无所知。一次，有使臣求见二世，说陈胜造反，已攻陷多个郡县，结果二世竟以妄言欺主的罪名将此人打入大牢。在周文率领的一支楚军入关之时，秦朝廷依然没有半点动静。

前期的胜利让陈胜开始轻视秦朝廷，尤其是在得知周文已经入关的消息后，陈胜更是喜不自胜地做起皇帝梦。但很快，四面八方的警报就陆续传来了。

先是出征赵地的武臣在张耳和陈余的挑唆下脱离陈胜的控制，自立为赵王；然后是进攻秦都的周文，因为孤军无助被秦将章邯击退，败出关外。至此，关内算是暂时安定下来。

暴秦之季，发难者为陈胜吴广，而陈胜尤为首谋。是胜之起事，实暴秦存亡之一大关键也。胜一耕佣，独具大志，不可谓非轶类材。但观其鱼腹藏书，及篝火狐鸣之术，亦第足以欺愚夫，而不足以服枭杰。况其徒贪富贵，孳孳为利，子舆氏所谓跖之徒者，胜其有焉。惟因暴秦无道，为民所嫉，史家所以大书曰：陈胜吴广，起兵于蕲，实则皆为叛乱之首而已。

应运而生的真命天子

在楚地沛县的丰乡阳里村,有一个老实敦厚的男人,名叫刘执嘉,人们都称他为太公。其妻王氏与他年龄相当,便称刘媪。太公与刘媪有两个儿子,长子名叫刘伯,次子名叫刘仲。

据说有一次,刘媪外出时路过大泽,感觉非常疲惫,便坐在堤上闭目养神,蒙眬间似乎见到一个金甲神人从天而降,把刘媪吓得晕死过去。

太公本在家中等待妻子,左等右等不见回来,便慌忙寻找。临近大泽时,太公看到堤上似乎躺着一个人,周身被云雾笼罩,隐约能看到鳞甲,像是蛟龙的样子。太公非常害怕,不敢继续向前。过了片刻之后,云雾散尽,天空顿时明亮起来,太公这才上前,只见躺着的人竟是自己的妻子。刘媪醒后,对方才的事情没有半分印象,只记得自己似在梦中见到神人天降。

不久后,刘媪就怀孕了,生下一个男孩。这个男孩长颈高鼻,左腿上还有七十二颗黑痣。太公觉得这个儿子十分不寻常,便给他取名为刘邦。刘邦上有两位兄长,在家排行最小,故以季为字。

太公家世代都是农民,但刘邦从小就不爱耕田,成天四处游荡,太公也拿他没辙。刘邦的大嫂是个悭吝之人，见刘邦成天好吃懒做，不免就起了厌恨。太公得知后，便做主分了家，让娶妻的两个儿子到别处居住，尚未娶亲的刘邦依然和父母一同生活。

到了弱冠之年，刘邦依然不务正业，成天吃喝享乐。渐渐地，太公也对他丧失信心，不愿再继续周济刘邦。

随着年纪渐长，刘邦也想做些事情，身边熟识的人便替他谋划，教他学习吏事。不久，刘邦便谋到了一个做泗上亭长的差事。

县吏之间常常有公务往来，刘邦很快就和一众县吏混熟了，其中与他交情最好的就是沛县功曹萧何，其次是曹参、夏侯婴等人。萧何熟谙法律，是县里的翘楚，帮刘邦解决过很多麻烦。

刘邦是个好色之人，但因为向来无赖，没有女子愿意嫁给他，年近壮年也没有妻室。对此，刘邦倒是不着急，手上有结余便去妓院寻花问柳。

一天，刘邦听到萧何等人闲聊，说有一位和县令关系很好的吕公，为了躲避仇家，带着家眷来到此地。县令吩咐，让县里所有的官员都去拜访祝贺。

第二天，刘邦去拜访吕公，见萧何正在厅里帮忙收受贺仪。萧何告诉刘邦："贺礼不满千钱的，坐堂下。"

结果，刘邦大笔一挥，直接写了贺钱一万，惊得下人赶忙向吕公通报。萧何知道刘邦这人根本没有钱，还惯爱吹牛，便在一旁揶揄道："刘季惯爱说大话，这回恐怕又是信口开河吧！"

吕公听到萧何的话，面上却不变，仍旧恭敬地邀请刘邦上座。宴席结束后，他还单独把刘邦留下，对他说："我自小就会给人看相，却从未见过你这般奇异的相貌，不知你是否娶妻？"

听到刘邦说没有，吕公赶紧提出要把女儿许配给他。刘邦一听，有这等好事，自然高高兴兴地应下了。

吕公的女儿单名雉，仪容秀丽，是个非常出色的美人。吕雉嫁给刘邦后，为他生了一儿一女，两人感情非常好。但刘邦本就是个登徒子，即便有娇妻在怀，也改不了寻花问柳的毛病，和不少女子都藕断丝连。其中一个曹姓的小家碧玉就是他的老相好，还给他生过一个儿子。

二世元年，朝廷下令让各郡县遣送罪徒到骊山修筑始皇陵墓，沛县令把这差事交给刘邦去办。结果，刚出县境，就跑了几个人，刘邦孑然一身，又不能把他人丢下去追，没有办法，只得继续赶路。不承想，这一路往前，一路丢人，等到了丰乡西面的大泽时，刘邦押送的罪徒已经跑了十几个。

刘邦心中郁闷，干脆路也不赶了，见有人卖酒，便准备喝个痛快。等到红日西沉，刘邦乘着酒兴，忽然对众人说道："你们到骊山去做苦役，恐怕也是难逃一死，不如我现在给你们一条生路吧！"说完，刘邦直接解开绳索，把这些罪徒全给放了。

干完这事，刘邦知道，自己肯定是回不去了，干脆去芒砀二山间避祸。

刘邦这一跑，发妻吕氏就遭殃了，直接被县令下了大狱。秦朝律法严苛，吕氏又无钱贿赂狱吏，日子过得苦不堪言。幸好当初刘邦交游广阔，在旧友萧何等人的斡旋下，吕氏才得以被释放回家。为免事情再出变故，吕氏刚被释放，就赶紧拖儿带女地投奔刘邦了。

应运而生的真命天子

此时正是陈胜起义闹得轰轰烈烈之际,东南各郡县纷纷响应,杀死当地守令。沛县县令非常恐惧,便萌生出投降的心思。萧何、曹参得知后,便劝说县令:"您是秦朝的官吏,怎么能向盗贼投降呢?倒不如您派人将逃亡的人召集起来,共同守城。"

县令同意了二人的提议,决定把刘邦也召回来,不再追究他私放罪徒的事。负责召回刘邦的,是沛县一个力大无比的壮士,名叫樊哙,和刘邦有些亲戚关系。

收到消息之后,刘邦很高兴,此时他已在山里住了八九个月,收拢了一百多人。没想到的是,一行人刚走到半路,就见到满身狼狈的萧何与曹参。原来,一开始的时候,县令确实同意把刘邦召回,可后来不知为什么突然反悔了,他怀疑萧何与曹参有阴谋,准备将他们缉拿起来。幸好二人听到风声，早早地跑了出来，但其家眷依然还在城中，着实令人担忧。

了解事情的前因后果之后，刘邦便带着手下的一百多人和萧何、曹参一同返回沛县。此时城门大关，众人无法进去，萧何便提议，不如给城中守卫投递书函，鼓动百姓杀死县令，一起反抗暴秦的统治。刘邦想了想，觉得此计可行，便让萧何写了一封书信，再将书信系在箭上，射到城楼上。

一直以来，百姓们在秦朝暴政的压迫下过得苦不堪言，如今各地频发的起义则让他们似乎看到一点微光。因此，在看到刘邦的书信之后，众人很快就被策反了，他们攻入县署，杀死县令后迎刘邦入城。

在众人的推举下，时年已经四十八岁的刘邦成为沛县新的掌事人，称沛公。萧何为县丞，曹参为中涓，樊哙为舍人，夏侯婴为太仆，任敖等为门客，一支新的起义队伍终于集结完毕。

在刘邦显露头角的时候，吴中也出了个项家叔侄——叔叔项梁和侄子项籍。项家祖上世代都是楚将，在秦灭楚后，项梁一直有起兵报仇的想法，奈何当时秦朝太强盛了，他实在做不了什么。陈胜起义后，项家叔侄便趁机杀死会稽郡守殷通，也在吴中起事了。项梁自封为将军，兼会稽郡守，项籍为副将。叔侄俩遍贴告示，招募士兵，很快就组建起一支八千余人的队伍，成为吴中最强大的一股起义势力。此时的项籍才二十四岁，他本来的字是"子羽"，后嫌双名不好听，便将字改为"羽"，自称项羽。

应运而生的真命天子

> **蔡公曰** 盖刘季本一酒色徒,其所由得成大业者,游荡之中,具有英雄气象,后来老成练达,知人善任,始能一举告成耳。若刘媪之感龙得孕,老妪之哭蛇被斩,不免为史家附会之词;然必谓竟无此事,亦不便下一断笔。有闻必录,抑亦述史者之应有事也。

四分五裂，众叛亲离

陈胜起义之后，各地郡县都纷纷响应，不少草头王趁机崛起，称霸一方。

已故齐王遗族田儋本是狄城的一名守卫，在陈胜起义爆发之后，他便与堂弟田荣、田横等密谋自立。田儋先是命人捆住一名家仆，然后带着他去县衙，报案说他有通敌行为。当时，魏人周市正奉张楚王陈胜之命，率领楚军攻打狄城。在这样的情况下，县令一听说有人通敌，自然出来审问，田儋便趁机拔剑杀死县令，控制了狄城。

接管狄城之后，田儋便自立为齐王，招募数千士兵击退周市。如此一来，田儋威名远扬，许多无法忍受秦朝暴虐统治的齐人听说后，纷纷前来投奔。

被田儋击退后，周市回到魏地，魏人想拥立周市为王，却被他拒绝了。周市说："我是魏人，应当尊魏王的后人为主，这才是忠臣啊！"

之后，周市拥立投奔陈胜的魏公子咎为王，自己则做了魏国的丞相，辅佐公子咎。发展到此时，中原已经有了楚、赵、齐、魏四王。

与此同时，燕王也出现了。这位燕王名叫韩广，本是赵王武臣手下的一员将领，奉武臣之命攻打燕地。结果没想到，韩广一去，燕地各城非常欢迎，纷纷推举他做燕王。韩广自然心动，但考虑到家属还在赵国，又有些为难。于是，便有燕人劝说道："如今最强大的是楚王，可他都不敢加害赵王的母亲，赵王又怎么敢伤害将军您的母亲呢？"

韩广想了想，是这个道理，于是便顺应人心称王了。

果然，得知此事后，赵王武臣虽然愤怒，但和张耳、陈余商议后，还是把韩广的家眷送去了燕国。

虽然赵王武臣没有为难韩广的亲眷，但他对燕国的事情始终耿耿于怀，亲自带着张耳、陈余等人，率兵驻扎在燕、赵的交界处，试图找机会攻入燕国。但韩广对武臣一直心存警惕，才听说赵兵到了边境，立刻就增加防守。张耳和陈余知道后，便劝说武臣先回去，日后再找机会。

武臣实在不甘心，便突发奇想，悄悄装扮成平民的样子，打算偷偷潜入燕境打探消息，结果一不小心被巡逻的燕兵给抓住了。

张耳、陈余收到消息的时候大吃一惊，赶忙派遣使者前去和燕王韩广商议，愿意用金银珠宝赎回武臣。没想到，韩广竟狮子大开口，要用武臣换取赵国的一半土地。

张耳和陈余非常愤怒，却又不敢轻举妄动，生怕害了武臣的性命。就在他们急得抓耳挠腮、一筹莫展之际，武臣居然被一个车夫送了回来！这是怎么回事呢？其实，还得归功于送武臣回来的这名车夫。

这个车夫原是赵营里的一名伙夫，负责烧火做饭。听说赵王被抓以后，伙夫便偷偷乔装打扮去了燕营，面见燕将。

伙夫问燕将："将军可知张耳与陈余是何人？"

燕将说："这二人的确有些名气，可那又怎么样呢？"

伙夫又问："那将军可知他们想要什么？"

燕将说："自然是迎回赵王。"

伙夫却笑了起来："将军，想当初，张耳、陈余和武臣一同北行，得到赵国数十城，谁会不想称王呢？只不过论起年龄和资格，武臣都压他们一头，所以才被推举为王。如今，赵国已经稳定，这二人自然想要瓜分赵地，自立为王。如今，燕国抓了武臣，对他们来说，不正是天赐良机吗？若是燕国处死武臣，他们就更能以报仇的名义，正大光明地攻打燕国了！"

燕将大惊，赶紧将这些话告知给韩广，韩广听后信以为真，立即下令释放武臣，并让这名伙夫将其送回赵国。经此一事，武臣立即拔营南归，回到邯郸。

此时，赵将李良刚攻下常山，又接到武臣的命令，进攻太原。刚到关下，就有秦使送来一封书信，但信口没有密封。李良取出一看，里头装的竟是秦二世的谕旨，要给他许赐官爵。李良不知道的是，这封谕旨实际上是守关秦将假造的，目的有二：一是诱惑李良背叛楚军；二是故意不将信封口，让消息走漏，离间李良与赵王之间的信任。

看到这封信的时候，李良心中确实产生动摇。这里本就险要，难以攻克，李良便决定先回邯郸，向赵王申请多添一些兵马，之后再做打算。

然而，还没到邯郸，意外就发生了。李良在距离邯郸还有十多里的地方，迎面碰上一簇人马，看那仪仗，像是帝王的规格。李良便以为是赵王，纵身下马就行了大礼。没想到的是，那车驾中坐的人，竟是赵王的姐姐。恰好当日她喝了酒，晕晕乎乎被李良错认也没有下车解释，就直接受了李良的大礼。双方发生冲突，李良一怒之下便斩杀了她。

冲动之后，李良知道，自己已经没有选择和退路了，便决定先发制人，趁着赵王还没有收到消息，飞速赶回邯郸。

守兵认识李良，赵王对他也没有防备，李良就这样一路畅通地进入王宫，直接杀死了赵王武臣，之后又杀死了他的家眷，并派兵追杀赵国的其他大臣。张耳和陈余因为跑得快，才逃过一劫。

二人出逃后，很快就收拢了一支队伍，之后又找到赵王的后裔赵歇，拥立他为新的赵王。此时，李良已经占据邯郸，逼迫百姓尊他为王。但李良身为赵臣，却无端弑主，本就不占道理，即使是那些因畏惧而顺从他的百姓，也不是真心追随。因此，李良很快就被张耳和陈余打得人仰马翻。为了保命，他只好选择投降秦朝。

在赵地乱作一团的时候，秦将章邯已经逼杀周文，率兵向荥阳进发。当时，吴广正率兵围攻荥阳，已经打了数月，但依然未能成功。

得知周文已经战死，章邯正率兵而来的消息后，部将田臧和李归等人密谋，想把主要兵力抽调攻打章邯，只余少数牵制荥阳，以免到时落入内外夹击的境地。但他们担心吴广不同意，于是干脆联手杀掉了吴广，还写信给陈胜，诬陷吴广密谋造反。

陈胜与吴广是楚军最初的发起人和领导人，二人资历相当，陈胜早就把吴广视作威胁，如今听说他死了，高兴还来不及，自然不会调查真相。陈胜直接修书一封，封田臧做了上将。

然而，虽然没有了吴广，田臧和李归显然也不是章邯的对手，二人相继死在章邯手上，楚军也被打得七零八落，不是战死，就是投降。

解除荥阳之困后，章邯又兵分多路攻打郏城，赶跑了守将邓说。之后，进击许城，守将伍徐战败而逃。陈胜收到消息后，认为伍徐战败是因为寡不敌众，可以理解；但邓说却是直接不战而逃，不能姑息。于是，他命人斩杀了邓说。之后，派上柱国蔡赐率兵抵御章邯，蔡赐不敌，被章邯所杀。

很快，章邯率领秦军抵达陈县。楚将张贺收到消息后，立即向陈胜请求支援。但这个时候，陈胜身边已经没有愿意追随他的人了，他只得亲身上阵，率兵前去支援张贺。

陈胜为何会落到这种众叛亲离的地步呢？事情还要从他称王之后说起。在陈胜称王后，几个贫贱时的友人前来攀附，陈胜好酒好肉地招待了他们。席间，众人喝得高兴，便胡言乱语起来，甚至还抖出不少陈胜小时候的糗事。陈胜得知此事后，恼羞成怒，把那几个取笑他的人都给杀了。

四分五裂，众叛亲离

这事传出去之后，众人都觉得陈胜为人太过刻薄无情，不愿追随他。陈胜对此却不以为然，他还提拔了两个官员，一个叫朱房，一个叫胡武，专门负责监察将吏。结果，这二人便利用职权，将那些和自己有过节的将吏都打入大牢，大刑伺候。

可以说，造成如今的局面，陈胜有着不可推脱的责任。

陈胜本打算率兵支援张贺，走到汝阴时，他就收到张贺败亡、全军覆灭的消息，只得调头回城，打算从长计议。途中，因嫌车夫庄贾速度太慢，陈胜斥责了几句，没想到，庄贾竟怀恨在心，一怒之下杀死了陈胜。

杀死陈胜后，庄贾立刻写了一封降书送去秦营，但还没有等来回信，他就被将军吕臣所杀，陈胜的尸体也被吕臣埋葬在砀山。

陈胜死后，原本遵照他命令攻打南阳的陈县守令宋留投降了秦朝。但因宋留曾叛秦，二世将他处以极刑。这事传开后，那些选择叛秦的官吏，哪怕心中有动摇，也不得不选择坚持到底。

> **蔡公曰** 赵王武臣，为燕所拘，张耳陈余二人，竭毕生之智力，终不能迎还赵王，而大功反出一厮卒，可见皂隶之中，未尝无才，特为君相者不善访求耳。史称厮卒御归赵王，不录姓氏，良由厮卒救王以后，未得封官，仍然湮没不彰，故姓氏无从考据耳。夫有救主之大功，而不知特别超擢，此赵王武臣之所以终亡也。赵王姊出城游宴，得罪李良，既致杀身，并致亡国，古今来之破家复国者，往往由于妇人之不贤，然亦由君主之不知防闲，任彼所为，因至酿成巨衅。故武臣之死，衅由王姊，实即武臣自取之也，于李良乎何诛！

项氏与沛公

吕臣为陈胜报仇之后,便据守陈县,继续借楚国的名号来号令民众。但很快,秦军就攻下了陈县,吕臣不敌,只得率兵东去。

途中,吕臣遇到一帮人马,为首的是个名叫黥布的豪杰。黥布本来姓英,六县人,儿时曾遇到一个相士,相士说他将来会先受黥刑,然后称王。黥布虽是半信半疑,但还是为了化解劫难而改名为黥布。然而,几年后,他还是因为触犯律法被判黥刑,发配去了骊山。

黥布作战十分骁勇。在他的帮助下,吕臣顺利地从秦军手中夺回陈县。之后,黥布辞别吕臣,率领众人继续东去,最终加入项梁的队伍,做了一名属将。

广平人召平原本奉陈胜之命攻打广陵,但打了数月也未能攻下。得知陈胜的死讯后,召平害怕秦军乘虚而入,便渡江东下投奔项梁,隐瞒陈胜死讯,并假传命令,封项梁为上柱国,让他对抗秦军。

途中,项梁发现有许多难民,都朝着同一个方向奔逃,上前一问才得知,原来是东阳县令被人杀了,百姓推举陈婴做了新县令。陈婴是个十分仁厚的人,大家听说之后,纷纷逃去东阳县,希望得到他的庇护。

项氏与沛公

项梁一听，心中大为吃惊："东阳县竟还有这样的人才？"他赶紧让人修书一封，将陈婴招揽到了麾下，共同抗秦。

不久，又有一位蒲将军率领部众投入项梁麾下。至此，项梁手下的兵力已经发展到六七万之多。

秦嘉原本也是一名起义军领袖，听说陈胜已死，便拥立楚国的后人景驹为楚王，驻扎在彭城。项梁得知此事，便以秦嘉背叛陈王为借口，率部攻打彭城，逼杀了秦嘉和景驹。之后，项梁又占据胡陵，攻入薛城。

就在这时，沛公刘邦突然前来借兵。原本项梁和沛公并不认识，但经过一番畅谈，竟萌生出惺惺相惜的感觉，于是项梁借给沛公五千士兵和十员大将。

沛公怎会向项梁借兵呢？事情还要从沛公起事时说起。那时候，沛公因母亲去世一直按兵不动，偏偏碰上秦朝泗川监攻打丰乡，沛公只得应战。打退泗川监后，沛公便让同乡雍齿留守丰乡，自己则率兵攻打泗川。

在这个过程中，雍齿被魏相周市策反，投降了魏国。沛公非常愤怒，立即调头攻打雍齿，却久攻不下。于是，沛公便决定找秦嘉借兵。

走到下邳的时候，沛公遇到了张良。张良原本是想投奔新楚王景驹的，结果在遇到沛公之后，竟发现两人十分投契，颇有相见恨晚之感，于是干脆投到了沛公麾下。等他们到了薛城，才知道项梁已经杀死秦嘉，景驹业已死去，沛公便找项梁借兵，顺利夺回了丰乡。

043

不久，沛公接到项梁的书信，邀请他到薛城商议另立楚王的事情。沛公一行人抵达薛城时，正巧攻打襄城的项羽也得胜归来。两人一见如故，成了莫逆之交。

第二天，众人全部聚齐，讨论拥立新楚王的问题。项梁手下的几个将吏趁机献媚，推举项梁成为新楚王。正当项梁准备应下时，忽然有人禀报，说有个叫范增的老头前来求见。

项梁见到范增，便就正在商议立楚王的事情询问他的意见。范增说："陈胜非望族，也无大才，却贸然称王，怎能不败？暴秦吞灭六国，楚是最无辜的，可陈胜却没有立楚国的后人，怎能不亡？将军，您于江东发迹，世代都为楚将，故而楚地的豪杰们才会争相投奔。所以,只要顺应民意,扶植楚国的后代为王,自然会有更多豪杰前来投奔,拿下关中就指日可待了。"

范增的一席话点醒项梁。他恭恭敬敬地邀请范增留下,奉若上宾。

之后,项梁四处寻访,还真的找到了一个楚王的后代,便拥立其为楚怀王,定盱眙为国都,封陈婴为上柱国。项梁则自称武信君,黥布恢复原姓氏,封为当阳君。

张良本是韩国人,一心想要复兴韩国。趁此机会,他在得到项梁的应允后,找到韩公子成,扶植他做了韩王。至此,六国再度复兴。

> **蔡公曰** 范增之请立楚后,与张耳陈余之进说陈胜,其说相同。此第为策士出。斯书之诈谋,无足深取。丈夫子迈迹自身,岂必因人成事?试观郦食其请立六国后,而张良借箸以筹,促销刻印,汉卒成统一之功,是可知范增之谋,不足图功,反足贻祸。

李斯与赵高

秦将章邯非常勇武，一直率领秦军南北征战。他先是攻入魏境，杀死魏相周市和前来救援的齐王田儋。魏王公子咎为保护百姓，举城投降后纵火自焚。其弟魏豹弃城逃走，投奔项梁。

得知魏都被攻破的消息后，项梁决定亲自与秦军一决高下。恰好此时，齐国求援的消息也传来了。自从田儋死后，齐人便拥立田假做了新王，但田儋的弟弟田荣不服，于是收拢田儋剩余的兵力，驻守在东阿。如今，秦军已围困住东阿城，东阿城情况十分危急。项梁本就打算会一会秦军，收到求援后，立即率部赶赴东阿。

听说楚军要来救援，章邯便下令兵分两路，一路继续攻打东阿，另一路则由他亲自率领抵抗楚军。

原本章邯自恃武力，根本不把楚军放在眼里。没想到，他刚持刀出去，就遇上一员楚将，武艺十分了得，几个回合下来，就让章邯败下阵来。这员楚将正是项梁的侄子项羽。

章邯知道自己敌不过项羽，立即率军撤退，但项梁却不肯罢休，一直率领楚军追到濮阳，因无法攻克，又转而移兵到定陶。攻打定陶时，沛公和项羽率领的军队在雍丘遇上秦朝三川守将李由。项羽一马当先闯入秦阵,直接击杀李由。失去统帅之后,秦军方寸大乱,溃不成军。

被项羽击杀的李由是秦朝丞相李斯的长子,原本他应是为国捐躯、战死沙场的英雄,但在他死后,反而被冠上谋反的罪名,李斯也因此被抓进大牢。事实上,这一切,都是赵高的算计。

秦二世自登基后,便一直非常宠信赵高。为了更好地掌控二世,赵高对他说:"陛下贵为天子,可知道为何天子称贵?"

二世问道:"为何?"

赵高说:"天子之所以称贵,是因为深居九重,臣下只能听到他的命令,却见不到他的面容。从前,先皇在位时间长,群臣都畏惧他,所以即使每天和他们议事,也不会损耗威严,但现在,陛下才登基两年,还没有建立足够的威势,如果常常和群臣议事,言语上有不妥,反而会引起众人非议。这不是有损陛下的圣名吗?"

二世觉得赵高说得很有道理,便接纳了他的意见,从此不再上朝,深居宫中享乐。如果大臣有奏报,便交由侍卫传递和禀告。就这样,赵高成功地把控了朝政。

赵高又去找李斯,对他说:"如今关东乱事,群盗如毛,可主上却不理朝政,恣意淫乐,你身为丞相,可不能坐视不理啊!"

李斯为难道:"不是我不想劝谏,但现在主上都不上朝,我怎么进言?"

赵高说:"这个简单,等主上闲暇的时候,我派人通知你。"

李斯欣然同意,觉得赵高是个忠臣。

过了两天,赵高果然派人通知李斯,让他去宫中觐见。但等李斯急匆匆赶到宫门外求见时,二世却正在寻欢作乐,自然不会见李斯,只是不耐烦地让李斯次日再来。第二天,李斯又去求见,自然还是被拒。

没过两天,赵高又派人催促李斯,说二世现在有空,赶紧觐见。李斯信以为真,又去求见,结果又是一个"闭门羹"。这一回,李斯终于感觉有些不对劲了。

李斯的"不识抬举"让二世很不高兴,赵高便趁机诬告李斯父子谋反,并暗中收买二世派去调查此事的使臣。

李斯也察觉到了赵高的阴谋，干脆直接上疏弹劾赵高。但可惜，二世根本不相信李斯，还怀疑他是因为心虚才诬告赵高。最终，李斯被打入大牢，而审查他们父子是否谋反的差事则落到赵高的手上。

为了彻底扳倒李斯，赵高先是屈打成招，逼迫李斯认罪。然后，又数次派心腹假扮御史审问李斯，只要他一喊冤，便大刑伺候。等二世派人复审时，李斯已经无法相信他们，认为自己喊冤只会白白挨打，还不如俯首认罪。

得知李由战死后，赵高更是趁其死无对证之便，捏造反词，栽赃嫁祸。最终，李斯受尽五刑，死无全尸，并诛三族。李斯死后，赵高便取代他的位置，包揽一切军国大事，二世则如同傀儡一般，毫无实权。

> 蔡公曰：彼夫李斯之下狱，原属冤诬，然试思残刻如斯，宁能令终？坑儒生者李斯，杀扶苏蒙恬者亦李斯，请行督责者亦李斯，斯杀人多矣，安保不为人杀乎？故杀斯者为赵高，实不啻斯自杀之耳，冤云乎哉！

破釜沉舟战秦军

自章邯困守濮阳之后,他便一直派人探听楚军的情况,琢磨着要如何出奇制胜。当时,项梁驻兵定陶城,沛公和项羽则在雍丘,战事因遭遇连绵阴雨而陷入胶着。

在这样的状况下,项梁逐渐放松了警惕。此前的多次胜利也让他变得骄傲起来,他既不召回两军,也不加强守备,成天在军营中饮酒作乐。章邯得知这一消息后,开始征调兵马,准备与项梁一决雌雄。

项梁手下有个名叫宋义的谋士,发现秦军的异动之后,立即告知了项梁,并劝说他不要轻敌。但项梁却认为,章邯屡次败退,如今又连日下雨,道路难行,他怎么也不可能这会儿来攻打的,便毫不在意宋义的劝告。

见项梁油盐不进,宋义便主动提出,愿意出使齐国借兵。得到项梁的应允后,他立即离开军营。

走到半路,宋义就遇到了齐国使臣高陵君显。宋义问显:"您要去拜见武信君吗?"

显说:"是。"

宋义劝告他道:"那您还是慢些去,免得遭祸。"

破釜沉舟战秦军

显很是惊讶,问宋义是何缘由。

宋义答道:"武信君屡战屡胜,骄傲自满。秦将章邯连日增兵,志在报复。武信君轻敌,恐怕会被敌军乘虚而入。您这个时候出现,难免会受到连累。大概在这个月内,武信君就要败了!"

果然,正如宋义所说那般,高陵君还没有到,就已经收到武信君项梁败亡的消息。沛公和项羽都悲痛不已,但为了安定军心,只得立即率部返回。

> 大将军不把敌人放眼里,结果兵败身死。

楚国原本定都盱眙，但为了更好地保护楚怀王的安危，便迁都到了彭城。抵达彭城后，怀王将项羽、吕臣二军合一，自己做统帅；封沛公为武安侯，率军驻守砀郡做砀郡长；项羽为鲁公，封长安侯；吕臣为司徒，其父吕青为令尹。

就在楚国严阵以待时，章邯却认为，既然项梁已经死了，楚国就没什么威胁了，便转头去攻打赵国。楚怀王听说这一消息，立即拨给魏豹一千兵马，让他趁机攻取魏地，并封他做了魏王。

因为宋义告诫而逃过一劫的齐使高陵君显在收到项梁身死的消息后，便转而前往彭城拜见楚怀王。见到楚怀王后，显将遇到宋义的事情告知了怀王。恰好此时，宋义也从齐国回来了，楚怀王便召见了他。一番交谈后，楚怀王发现宋义很有才华，便将他留在左右。

打发齐使离开后，楚怀王便将众将召集起来，说："秦始皇暴虐，二世更加无道。如今，我准备除掉暴秦，谁能当此重任？"

众将瞠目结舌，却无人应答。怀王又说道："无论何人，只要能首先入关，便为秦王。"

话音刚落，就有两个人大声应和："我愿意前往！"

楚怀王一看，应声的正是沛公与项羽。不等怀王再说什么，项羽又继续道："叔父战死定陶，大仇未必，我身为子侄，绝不肯善罢甘休！我愿与沛公同行，捣入秦关，报仇雪耻！"

楚怀王点头应允，沛公与项羽便领命离开了。

二人离开后，一员老将对怀王说道："项羽剽悍残忍，上次攻打襄城，因久攻不下，他便怀恨在心，攻克襄城后，把百姓屠戮殆尽。攻打城阳亦是如此。这样残暴的人，怎能做统帅呢？秦地百姓苦暴秦的统治已久，如果能派仁义之师，拯救百姓于水火，必定天下归心。所以，大王应该让沛公单独去，他为人厚道，不像项羽这样残暴！"

老将的话让怀王深感赞同，考虑良久之后，他还是决定留下项羽。恰好此时，赵使前来求援，说秦将章邯正在攻打巨鹿，情况十分危急。项梁正是死于章邯之手，项羽又一心要为叔父报仇，怀王便决定派项羽去赵国。此次出兵，宋义为统帅，项羽为次将，范增为末将。

楚军行至安阳后，宋义就下令不再前行。他不顾赵使催促，一待就是四十六天。众人不明白宋义究竟想做什么，项羽更是直接入帐质问："如今秦兵围赵，情势危急，我军既然是来救援的，难道不应该赶紧渡过黄河，和秦军交战吗？"

宋义却说道："秦兵攻赵，即使能得手，军力也必然损耗，那时我们再出手，一定能打败秦军；如果不能得手，咱们就更不需要出手了，直接转道西进，直指秦关，还管章邯做什么？披坚执锐，我虽不及你，但运筹决策，你却不及我。"

之后，宋义按兵不动，成天和将领们大吃大喝，谈笑风生。当时正值冬天，普通的士兵又冷又饿，简直苦不堪言，渐渐便怨声四起。

项羽本就不赞同宋义的做法，看到如今的情况，便对众士兵说道："咱们冒寒而来，为的就是救赵破秦。如今营中缺少粮食，士兵们忍饥挨饿，可宋义却饮酒吃肉，不肯出兵。楚国刚刚打了败仗，正是人心不稳的时候，如今上将军却只顾私利，完全不体恤士兵，这算是合格的将领吗？"

煽动了众人的情绪后，项羽直接入帐，以"私通齐国，背叛楚国"的罪名杀死宋义。军中将士本就对宋义怨声载道，如今见他已死，纷纷支持项羽暂代上将军之职。

为了斩草除根，项羽派人将宋义之子宋襄也杀了。怀王得知此事后，虽心中愤恨，但又不能制伏项羽，只好将错就错，封他做了上将军。大权在手，项羽立即下令，派遣当阳君英布和蒲将军等，率军两万，渡河前进，迎击秦军。

此时，巨鹿的情况已经万分危急。虽然赵使相继向燕、齐各国发出求援，但因畏惧秦军，燕、齐各军只是远远驻扎，始终不敢轻举妄动。

项羽率大军渡过黄河后，当即就下令，让人将船全部凿沉，每个士兵只准携带三天口粮，势必要与秦军决一死战，不留任何后退的余地。在项羽的带领下，楚军将士个个都抱着拼死一搏的信念，奔赴战场。

与兵强马壮的秦军相比，楚军的装备显得十分寒碜，整体看上去就是一群乌合之众，完全没有阵势。众人都以为，楚军与秦军交战，必败无疑。但令人震惊的是，项羽本就勇武非凡，楚军也都悍不畏死，把秦军吓得胆战心惊。

章邯此前就曾败于项羽之手，如今见楚军气势迫人，连忙下令退兵。第二日，楚军再次对秦军发起进攻，秦军不敌，再退，直至溃不成军。

在项羽的步步紧逼下，章邯退守棘原，此时秦军还有二十余万。但章邯不敢贸然出战，便派人到咸阳送信，让二世定夺。

但此时朝政把持在赵高手中，赵高又对章邯心存猜忌，反给他扣了个纵盗玩寇的罪名。无奈之下，章邯只得派司马欣前去向项羽求和。

司马欣做栎阳狱吏时曾救过项梁,有他从中说和,项羽才答应了章邯的求和,封他做了雍王。

> **蔡公曰**
>
> 项羽之救巨鹿,为秦史上第一大战,秦楚兴亡之关键,实本于此。盖章邯为秦之骁将,邯不败,即秦不亡。且山东各国,无敢敌邯,独羽以破釜沉舟之决心,与拔山扛鼎之大力,一往直前,九战皆胜,虏王离,杀苏角,焚涉间,卒使能征善战之章邯,一蹶不振,何其勇也!然使秦无赵高之奸佞,二世之昏愚,则邯犹不至降楚,或尚能反攻为守,亦未可知。天意已嫉秦久矣,故特使赵高以乱其中,复生项羽以挠其外,章邯一去而秦无人,安得不亡!谁谓冥冥中无主宰乎?

秦朝的覆灭

项羽率部救赵时，沛公正率军向西直入，直指秦关。

路过昌邑时，因昌邑城难以攻下，沛公便打算改道高阳。高阳城里有一个老儒生，名叫郦食其，听说沛公要来，便想投奔他。正巧郦食其有个同乡是沛公的部下，他便找到这人，让其帮忙引荐。

同乡劝郦食其说："沛公最不喜欢儒生，你还是不要去了吧。"

郦食其坚持要见沛公，同乡也就同意帮忙引荐了。

郦食其去驿馆见沛公的时候，沛公正稳稳当当地坐着，身旁两名女子在给他洗脚。见郦食其走进来，沛公仍旧不动，好像没有看到他一般。

郦食其走到沛公面前，突然大声说道："您领兵到此，是想帮秦攻打各国，还是帮各国攻打秦啊？"

沛公看不上儒生，对郦食其自然没什么好印象，如今听他这么说话，便骂道："迂腐！难道你不清楚天下苦暴秦统治已久吗？人人都想灭秦，我又怎会助纣为虐？"

郦食其说道："若您真的想讨伐暴秦，那为何用这般无礼的态度对待长者和谋士，您这个样子，以后谁还会来献计？"

听到这话，沛公赶紧起身，请郦食其上座。两人一番长谈后，沛公对郦食其的才学佩服不已，与他商讨攻秦的计策。

与强秦相比，沛公手下的兵力着实不足，故而郦食其建议他先攻下陈留。陈留是天下要塞，进可攻，退可守，而且城中粮草比较充足。

郦食其告诉沛公："陈留县令与我相识多年，我愿前去招降。若是不从，足下可率兵夜袭，我为内应。等占据陈留之后，再招兵买马，攻入关中。"

沛公非常高兴，同意了郦食其的计策。

郦食其见到陈留县令之后，向他分析了各种利害得失，但陈留县令不为所动，坚决不愿投降。眼见招降不行，郦食其便转变口风，与县令商议守城的办法。两人相谈甚欢，县令还特意设宴招待郦食其。席间，郦食其故意劝酒，把县令灌了个酩酊大醉。

深夜，郦食其悄悄混出县衙，打开城门，让沛公军队长驱直入。县令还在睡梦中，就被乱刀砍死了。占据陈留后，沛公严格约束士兵，安抚百姓，并封郦食其做了广野君。

因沛公声名在外，所率部队军纪严明，秦地百姓都很欢迎他。一路行来，他并未遭到多少抵抗，很快就长驱直入，安然入关。

这个时候，赵高已经完全掌控朝政，将二世"软禁"在宫中。一次，为了测试大臣们对他的忠心，赵高当着众人的面禀报二世，说自己得了一匹好马，结果却让人牵来一只鹿。

二世不明所以，指着鹿笑道："丞相，这明明是鹿，不是马！"

然而，赵高却坚持说这就是马，还让二世询问左右，让大臣们判定一下，这究竟是鹿还是马。

大臣们面面相觑，都不敢出声。在二世的多番责问之下，才有几个胆大的臣子站出来，说这是鹿。赵高竟脸色一沉，拂袖而去。几天后，那几个回答是鹿的人都被赵高抓了起来，随便扣上一个罪名便被杀了。

就在赵高作威作福的时候，他突然收到沛公攻入武关的消息。赵高这个人，在军事、政治方面并没有什么本事，能够独揽大权主要靠的是阴谋算计。听说敌军逼近，他也没什么应对方法，干脆直接称病不上朝，把所有事情都丢给二世去处理。

二世就更不用说了，平日根本不管事，听说楚军入关，只能一直催促赵高，让他调兵遣将，消灭楚军。

眼看大势已去，为了保全性命，赵高竟想出一条毒计——杀死二世，卖主求荣。打定主意之后，赵高便找来弟弟赵成和女婿阎乐，让

秦朝的覆灭

他们带兵闯入宫中击杀二世。最终，二世被阎乐逼杀，死时在位三年，年仅二十三岁。

二世死后，赵高本想自己篡位，但又担心内外不服，便决定先把公子婴推出来。众大臣和宗室子弟都惧怕赵高的淫威，不敢出声反对。于是，赵高一边让公子婴斋戒，准备即位；一边派人带着降书去见沛公，想要与他平分关中。

对于赵高的要求，沛公自然不肯答应。赵高只得抓紧时间，让公子婴斋戒即位，以稳定大局。对于赵高，公子婴自然是不信任的，他很清楚，如果不能除掉赵高，总有一天，自己会死在他的手上。

到了祭祖的日子，赵高早早来到太庙中，公子婴却称病没有出现。赵高非常愤怒，匆匆赶到宫中。殊不知，公子婴的两个儿子和他的心腹太监韩谈早已埋伏在侧，一见赵高出现便冲了出来，手起刀落，将他就地斩杀。

杀死赵高后，公子婴即位，准备按照旧例改元，但此时沛公的军队已经逼近城下，群臣都已经束手无策。就在此时，沛公命人送来招降书。公子婴知道，自己已经没有其他选择，只得交出玉玺，俯首投降。此时，距离公子婴即位不过四十六天，秦室江山就这样在他的手上被终结了。

> **蔡公曰**　沛公素不喜儒，乃独能礼遇郦生，虽由郦生之语足动人，而沛公之甘捐己见，易倨为恭，实非常人所可及。厥后从张良之计，用陈恢之言，何一非舍己从人，虚心禀受乎！古来大有为之君，非必真智勇绝伦，但能从善如登，未有不成厥功者，沛公其前师也。彼赵高穷凶极恶，玩二世于股掌之上，至于敌军入境，不惜卖二世以保身家，逆谋弑主，横尸宫中，此为有史以来，宦官逞凶之首例。汉唐不察，复循复辙，何其愚耶！顾不有二世父子，何有赵高。始皇贻之，二世受之，一赵高已足亡秦，刘项其次焉者也。

鸿门宴，宴无好宴

一进入秦宫，沛公就险些被富贵迷了眼。雕梁画栋，曲榭回廊，帷帐珍玩，罗列四周，简直让人应接不暇。尤其是宫中那一群千娇百媚的美人儿，更是直接引发了沛公的好色心肠，他恨不能日日沉溺这温柔乡。

见沛公这副模样，樊哙心中焦急，苦劝无果之后，找来了张良。张良见到沛公之后，对他说道："秦朝无道，所以今日沛公站在这里，天下无不拍手称快。但如果沛公才进入秦都，便一心想着作乐，恐怕秦朝昨日亡，沛公明日亡啊。何苦为了这一时的欢愉，就功败垂成呢？"

听完这番话，沛公幡然醒悟，赶紧离开秦宫，并下令让人封存府库，关闭宫室，退回霸上。同时，传令三军，禁止骚扰百姓，违令者立斩不赦。沛公的一系列举措让百姓欢欣鼓舞，纷纷期盼他能做秦王。

项羽那头，自从收服章邯之后，就准备西进入关。但就在这个时候，军中开始流传秦兵要谋变的消息。

之前章邯是带着手下的秦军一起向项羽投降的，投降之后，那些普通的秦兵就成为了降虏。楚军中的很多人遭受过秦军的虐待，因此

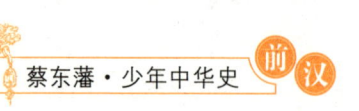

对这些降虏并不友好。久而久之，秦兵自然对自身境遇感到不满。

此时项羽正准备西进，秦兵降虏的存在就成为一大隐患。考虑许久之后，为绝后患，项羽竟直接下令，把这些秦兵降虏全部处死，之后才放心地拔营西去。

项羽大军一路行至函谷关，却见此时的守军早已替换成楚军，飘扬的旗帜上所写的也是"刘"字。项羽这才确定，沛公果然已经先一步攻破了咸阳。

入关后，项羽大军驻扎在鸿门，此时他已经了解了沛公进入咸阳后的所作所为。

范增对项羽说："曾经的沛公，贪财好色。如今进入秦关，他却不取财物，不近美色，可见必然所图甚大，不可小看啊！将军应该抓住机会，除掉沛公，否则后患无穷。"

听到范增的话，项羽有些不以为然，说道："我打败刘邦，就如摧毁朽木一般，有什么难的？"

事实上，项羽的狂妄并非空穴来风，此时他拥兵四十万，沛公只有十万人，二者的力量根本没有可比性。况且，鸿门与霸上仅仅相距四十余里，其间也没有什么险阻，只要他想，随时都能轻易灭掉沛公。

项羽有个叔父叫项伯，在秦朝时因犯杀人罪而逃亡，路上被张良所救，一直想着要报答对方。他得知项羽将要攻打沛公时，便连夜赶到霸上通知张良，让他赶紧逃跑。

张良立即将此事禀告沛公，沛公非常焦急，恳求项伯帮忙说和，并提出愿意和项伯缔结姻亲。项伯犹豫再三，还是同意了沛公和张良的请求。

回营后，项伯便去见了项羽，告诉他自己和张良的渊源，并劝说他不要攻打沛公。项伯说道："如果沛公不先入关，将军一路上必然不会如此顺利，沛公这是立了大功，将军怎么要攻打他呢？况且，沛公入关后，不取财物，不要妇女，封锁府库与宫室，一心等将军前来裁决。就连投降的公子婴，沛公也不曾私自发落，他又何错之有呢？"

项羽想了想，同意暂时不发兵，等沛公前来谢罪。

次日一早，沛公便带着张良和樊哙来了。一见到项羽，沛公就非常谦恭地行了大礼，说道："刘邦不知将军入关，有失远迎，今日特来登门谢罪。"

随后，沛公又解释道："刘邦与将军一同攻打秦国，虽然兵分两路，但也是仰仗了将军的虎威，才有幸先入关中。入关后，考虑到百姓凄苦，故而废除了残酷的秦法，其他一切照旧，只等着将军来裁决。派人守住关口，也是为了严防盗贼。如今，恐怕是有小人挑拨离间，才让将军对我产生误会，还望将军能够明察！"

项羽性情直爽，胸无城府，听到沛公这番解释后，觉得自己错怪了他，登时就转变态度，请沛公入座。

宴席开始后，沛公一直提心吊胆。范增也多次示意项羽动手，但项羽全然没有理睬他，只顾着喝酒。范增明白，项羽恐怕是反悔了。于是，他借故离席，找来项羽的弟弟项庄，对他说道："如今若是让沛公离去，将来必定后患无穷。你一会儿去敬酒，借舞剑之名，将沛公杀了。"

项庄走到席前，自荐舞剑助兴，却剑剑直指沛公。张良见势头不对,急忙向项伯使眼色。项伯心领神会,也拔出佩剑起身说道:"舞剑要两个人才好看。"

就这样,项庄与项伯,一人意图杀死沛公,另一人则全力保护,一时之间,谁也占不到上风。在生死之间走过几遭,沛公已经吓得面如土色。见情况危急,张良只得退出帐外,让樊哙进去救人。

樊哙武力非凡,一手持剑,一手拿盾,直接闯入帐内。见樊哙勇武,项羽十分欣赏,不仅没有怪罪他硬闯,还命人赐下酒肉。樊哙也不拘束,大大方方地向项羽拱手称谢。

随后,樊哙朗声说道:"当初,暴秦无道,怀王与众将约定,谁先入

鸿门宴，宴无好宴

关便可称王。沛公先入咸阳，却并未称王，而是驻扎在霸上，风餐露宿地等着将军。而将军呢，一来就对功臣喊打喊杀，与暴秦有何不同？"

听到樊哙的质问，项羽更觉惭愧，只好默然不语。

趁这个机会，沛公站起身，假装要如厕，并大声斥责樊哙，把他赶出帐外。等沛公顺利离席，张良也悄悄跟了出来，嘱咐樊哙先带沛公离开，自己留下替沛公告辞。

过了好一会儿，张良才回到帐中，拿出一双白璧和一双玉斗，恭敬地说道："沛公不胜酒力，不能当面告辞，让我奉上白璧一双，献给将军，还有玉斗一双，献给范将军。"

眼见沛公已经离去，范增既失望又懊恼，当即将玉斗扔在地上，拔剑砍破，恨恨地叹道："将来夺取项王天下的，必定是沛公！"

> **蔡公曰** 鸿门一宴，沛公已在项氏掌握，取而杀之，反手事耳。乃有项伯为之救护，有张良樊哙为之扶持，卒使项羽不能逞其勇，范增不能施其智，虽曰人事，岂非天命！天不欲死沛公，羽与增安得而杀之？

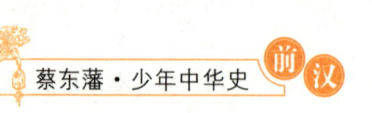

明修栈道，暗度陈仓

经历九死一生的鸿门宴后，沛公等人暂且驻扎在霸上，从长计议。

几天后，项羽率军入咸阳，大肆屠杀当地百姓，处死公子婴和一干皇氏宗族，并将秦库中的金银钱财尽数取出，自留一半，另一半分发给将士。项羽还将咸阳城的宫室付之一炬，大火整整烧了三个多月。修建在骊山的始皇陵墓也未能逃过一劫，墓中陪葬被劫掠一空。

摧毁咸阳城后，项羽派遣使者秘密觐见楚怀王，试图说服他不要履行此前的约定，让沛公做秦王，但却被怀王拒绝了。项羽非常恼怒，将众将召集起来，说道："我项家世代为楚将，所以才会拥立楚王的后人。怀王原本只是一个牧童，并没有什么功劳，如今又怎能听从他的安排分封诸侯呢？我不废除他的帝位，就已经是仁至义尽了。诸位都是劳苦功高之人，怎能不论功行赏、分封土地呢？"

项羽势大，众人本就畏惧，而且谁又真的没有封王称侯的念头？因此，听项羽这么一说，众人都同意了。就这样，项羽直接拍板，称怀王为义帝，其他将士则依次分封。

在范增的提议下，项羽将易进难出的蜀地分封给沛公，让他做蜀王。为了堵住沛公出蜀的路，项羽又安排章邯、司马欣和董翳三位秦朝投降的将领在关中为王，利用他们挡住蜀道，阻截沛公的出蜀之路。

项羽的安排让沛公等人非常恼怒，甚至想干脆不管不顾地和他决一死战，只有萧何站出来阻止了众人。萧何说道："敌众我寡，百战百败，如今唯一的出路就是占据蜀地，养精蓄锐，之后再从长计议。"

张良又暗中贿赂项伯。在他的劝说下，项羽又将汉中的土地加封给沛公，改封其为汉王。项羽则自称西楚霸王，占据梁楚九郡，义帝在他的逼迫之下迁到长沙，定都郴地。

张良有勇有谋，项羽不想他继续为汉王效力，便嘱咐韩王将其召回。拜别汉王之际，张良为他献上一计，即烧毁栈道，断绝汉中和东边各国的唯一通路。这一计策作用有二：一是向项羽表明不再东归的决心，以降低对方的警惕；二是防御各国，以便放心发展自己的势力。

抵达南郑之后，一天，汉王正在和部下谈论军事，忽然有人来报，说萧何不知去向。汉王大吃一惊，连忙派人追寻，担心萧何弃他而去。一直等了两天，就在汉王六神无主之时，萧何自己回来了。

看到萧何，汉王总算放下一颗心，假意斥责道："你怎能背着我跑了啊？"

萧何却说道："臣没有跑，是去追一个人。"

汉王大为吃惊："我离开关中到这里，一路上逃亡许多人，都不曾见你去追。"

萧何道："之前离开的都是些无关紧要的人，唯独此人，当世无双。如果大王想一直蜗居汉中，自然是用不着他；但若是还想争夺天下，那么除了此人，再无人能助你成就大业！"

萧何口中的这个人名叫韩信，淮阴人，年少丧父，家境贫寒，日子过得非常苦。据说他年轻时候，有一回，在街上闲逛，被屠夫的儿子拦住找麻烦，逼迫他从胯下爬过。韩信审时度势，知道自己无力与之抗衡，便顺从地俯下身子，从此人胯下爬过。众人捧腹大笑，韩信则从容地离开了。

韩信曾投奔项梁军中，但一直不得重用，后来才改投到汉王麾下，追随其来到蜀地。结果，在这里待了数月，也没得到什么机会，韩信决定离开，另寻出路。萧何对韩信有一些了解，认为他是大将之材，在得知他不告而别之后，赶紧追了出去，差不多跑出一百里地，才把韩信给劝回来。

在萧何的举荐下，汉王斋戒三日，特意按照礼节举行封韩信为大将的大典。一开始，对于韩信这个"空降上司"，众人不是很服气。但看着韩信在操练中展示出的种种闻所未闻的布阵之法，众将士终于认识到他的雄才大略，真正地从心底信服他。当初入汉中时，汉王采纳张良的计策，烧毁了栈道。如今时机成熟，汉王决定出师东征，张良又献计，让他们明修栈道，暗度陈仓。恰巧韩信所献的计策与张良不谋而合，正所谓英雄所见略同。汉王拍案叫绝，当即下令，派出数百名士兵修复栈道，麻痹敌人，自己则与韩信一起率领三军，悄悄前往陈仓。

雍王章邯是项羽特意用来堵住汉中的第一重门户，一直盯着汉王的动静。当章邯发现汉王正派人修复栈道时，他还大肆嘲笑了一番。

明修栈道，暗度陈仓

听到汉王还封了一个曾屈身他人胯下的韩信做大将时，更是乐不可支，越发轻视汉王了。

就这样，一直到汉军顺利占领陈仓之后，章邯才接到消息。他急忙率兵数万直奔陈仓，却被汉军打得四处奔逃。汉军乘胜追击，很快就占领了雍地。眼见大势已去，无路可逃，章邯最终自刎而死。

拿下雍地之后，韩信又开始攻打翟王董翳和塞王司马欣。这二人本是章邯的属将，远不如章邯勇武。得知章邯身死后，董翳直接就向汉王请降了。司马欣一看，赶紧低头臣服。就这样，不到一个月，汉王就已经顺利拿下三秦。

> **蔡公曰** 张良之烧绝栈道，一奇也，萧何之私追逃人，二奇也，韩信之骤拜大将，三奇也。有此三奇，而汉王能一一从之，尤为奇中之奇。乃知国家不患无智士，但患无明君，汉王虽倨慢少礼，动辄骂人，然如张良之烧栈道而不以为怪，萧何之追逃人而不以为嫌，韩信之拜大将而不以为疑，是实有过人度量，固非齐赵诸王，所得与同日语者。有汉王而后有三杰，此良臣之所以必择主而事也。

楚汉相争

汉军平定三秦的消息让项王暴怒，他恨不得立即发兵攻打汉王。张良早已料到这个结果，为了替汉军争取更多时间，他写了一封书信，挑唆项王攻打齐国。与此同时，项王也秘密下令，让英布截杀正赶往新都郴地的义帝，即楚怀王孙心。

在项王率军攻打齐国的时候，汉王也乘机出兵东征。攻占修武时，一个名叫陈平的人前来投奔。

陈平本是楚国的都尉，在汉王攻打殷王时，因救援不力被项羽怪罪，无奈出逃投奔汉王。陈平颇有才干，刚入汉营就得到汉王厚待，直接做了都尉，兼管护军。

之后，陈平向汉王进言说："如今项王正在攻齐，若大王想伐楚，何不趁此机会，直捣敌营，拿下彭城，拦住项王的退路？如此，楚军必定军心涣散。"汉王十分高兴，又向陈平讨教了一番进军的方法与路线，随后便召集人马，率兵东征。

为了师出有名，汉王听从新城三老董公的建议，让三军素服三日，为义帝发丧，并将项王杀害义帝的罪名公诸于众，宣告各国。各路诸侯纷纷响应，发兵跟随汉军，一起浩浩荡荡地杀向彭城。

项王攻打齐国时，带走了大批精兵猛将，只有数千老弱病残留在城中。听说汉王带着几十万大军攻来，众人闻风而逃，汉军很快就占领了彭城。进入彭城后，汉王很快被项王宫中的珍宝杂陈和各色美人迷了眼，沉溺酒色，就连部下的将士们也都纷纷纵情享乐。

殊不知，此时项王已经收到彭城失守的消息，率领三万精骑杀了回来。直到项王兵临城下，沉湎酒色的汉王和众将士才反应过来，一个个吓得面如土色，惊惶不已。两军交战，毫无防备的汉军被楚军打得溃不成军，就连汉王都险些命丧项王剑下。

逃亡途中，汉王在一戚姓老汉家中借宿，并与其女成就好事。但因自身处境暂且堪忧，汉王离开时并未带走戚氏。

离开戚家后，汉王很快就遇到了正在寻找他的部将夏侯婴一行，其中还有汉王的一对子女。据夏侯婴回禀，他们是在难民中找到这两个孩子的，孩子本与祖父和母亲一同逃难出来，打算投奔汉王，结果途中失散了，祖父和母亲不知去向。

正在叙谈时，楚兵追来了，众人赶紧上车逃亡。汉王担心车子负担重，跑不快，途中数次将一双儿女推下车，但都被夏侯婴抱了回来。汉王大怒，斥责道："现在危急万分，难不成还要为了这俩孩子搭上性命？"

夏侯婴却说："这可是大王的亲生骨肉，怎能弃之不顾？"

最后，夏侯婴只得让其他人驾车，自己带着两个孩子骑马。甩掉追兵后，汉王一行人投奔到下邑，总算得到一个暂时安身的地方。汉将们探听到汉王的消息后，也纷纷聚集起来。此时，各路诸侯的消息也传来了，殷王司马卬阵亡，塞王司马欣和翟王董翳投降了楚国。汉王的父亲和妻子吕氏等人也有了消息，他们已经落入楚军手中为质。

听到父亲和妻子的消息，汉王悲痛不已，但他也不肯自己羊入虎口，于是只得暂时割舍，继续启程离开。

抵达梁地时，汉王收到楚军进攻的消息，又怕又气，放言道："我愿将关东分给豪杰，不知何人能破楚立功？"

话音刚落，张良接口道："九江王英布与楚国有怨，彭越助齐国占据梁地，这二人都可为我所用。至于大王的部下，无人及得上韩信。"

汉王同意了张良的提议，派随何说降英布，自己则亲自领兵到荥阳，阻挡楚军西攻。

就在此时，一员身穿丧服的大将前来求见，竟是汉王在沛县时的故友王陵。王陵痛哭流涕地告诉汉王，项羽不仅逼死了他的母亲，还将遗体放入锅中煮，请求汉王为自己报仇。汉王十分惊愕，但此时也无余力替故友复仇，只得安抚一番，承诺等韩信的援兵抵达后再行动。

不久，韩信的援兵就到了。汉王将荥阳交给韩信之后，便带着子女回了栎阳。韩信用兵如神，三败楚军，让汉王一直提着的心放下一半。之后，汉王立年仅五岁的儿子刘盈为太子，大赦罪犯，充实军队。安排好这些事情后，汉王又回到荥阳，准备督兵东讨。

汉王刚回到荥阳，魏王豹就告假，说要探望生病的母亲。结果，才刚回到平阳，魏豹就截断河口，叛投楚国。汉王大怒，令韩信率领曹参、灌婴二将率兵前去讨伐魏国。

韩信率军抵达临晋津，发现对岸全都是魏军，便选了地方安营扎寨，让人赶造船只，同时派人探查上游形势。发现上游夏阳守备空虚之后，韩信便有了破敌之计。

为了渡河，韩信已经让人赶制了不少船只。与此同时，他又命人秘密制造了许多可以载人渡河的木罂。木罂制造方法简单，不过几天，就已经制造出足够数量的木罂。一切准备就绪之后，黄昏时分，韩信下令让灌婴率数千士兵，在河边摇旗擂鼓，吸引对岸魏兵的注意，但不要渡河，自己则与曹参一起率军前往夏阳，用制造好的木罂渡河。

就这样，魏兵被对岸摇旗擂鼓的汉军吸引了注意力，一直严阵以待地等着他们渡河，根本不知道韩信和曹参早已顺利从夏阳渡河，长驱直入，杀入安邑，直指平阳。最终，在汉军的围追堵截下，魏豹只得率部投降。之后，韩信命人将魏豹与其家眷一同押解回去，自己则继续攻打赵国。

魏豹的家眷中有一个小妾叫薄姬，容貌十分秀美，被汉王瞧见后就收入了宫中。据说薄姬的母亲本是魏国宗女，魏被秦灭后流落他乡，生下薄姬。薄姬貌美，被魏豹看中，入宫做了小妾。当时，一个擅长相面的妇人看到薄姬后，说她的儿子会做皇帝。魏豹得知后，对她更为宠爱。后来，薄姬被纳入汉宫，为汉王生下一个儿子，取名刘恒，也就是汉文帝。

韩信攻打赵国时，谋士广武君、李左车对陈余进言："汉军乘胜远征，锐不可当，但千里跋涉，又缺少粮草，必定想要速战速决。我国有门户井陉口，他从这里进兵，粮草就只能落在后面。若是能给臣三万人，截断他们的粮草，然后在城中挖沟筑垒，两面夹击，让他们无路可退，不出十天就能斩下汉将首级！"但可惜，陈余没有采纳这一计策。韩信得知此事后非常高兴，对此战更是势在必得。

做好计划和安排之后，韩信率领一万精兵渡过泜水，直接背对河岸摆出战阵。这一举措让众人十分惊疑，就连汉军将士都有些不明所以，但韩信在军中已有威势，且平日用兵皆深不可测，因此，即使心中有疑问，众人还是听从了韩信的命令。

这一战，汉军取得了最终胜利，陈余战死，赵王歇也被韩信斩首，赵地被平定。众人都很好奇，这背水列阵明明是兵家大忌，韩信这样用兵，为什么能获得胜利呢？对于这个问题，韩信答道："兵法有云：'陷之死地而后生，置之亡地而后存。'我军将士新旧杂陈，良莠不齐，只有先将他们置之死地，才能真正激发他们内心的勇气，让他们战胜敌人。"

韩信又派人找到李左车，将其收归麾下。

此时，领命前去说降九江王英布的随何已经顺利达成目的。这一消息传到彭城时，直把项王气得怒目圆瞪、火冒三丈，立即下令让亲将项声和悍将龙且率军攻打九江。英布不敌，只得放弃九江，与随何一同前往荥阳投奔汉王了。

> **蔡公曰** 汉王既入彭城，应该亟迎老父，乃耽恋美人宝货，置酒高会，匪特不知有亲，并且不知有敌，何其昏迷乃尔！睢水之败，乃其自取，太公吕后之被掳，亦何莫非汉王致之？况子身避难，一遇戚女，即兴谐欢，父可忘，妻可弃，兄弟家族可不顾，将帅士卒可不计，而肉欲独不可偿，汉王亦毋乃不经乎？惟当时项王暴虐，各诸侯亦不足有为，苍苍者天，乃不得不属意汉王，大风之起，已有特征。

小儿一言救万民

眼见楚军前锋已经兵临荥阳城下，汉王忧虑不已，一见到陈平就赶紧询问有没有什么破敌之计。

陈平表示，项王麾下，最忠心也最可靠的就是范增和钟离眛，如果能拿出钱财贿赂楚人，传播谣言，让他们自相猜疑，攻破楚军也就指日可待了。于是，汉王大手一挥，直接给了陈平四万金做活动经费。

不久，楚军开始流言四起，污蔑钟离眛等人有叛楚投汉的心思。项王本就多疑，听到这些流言之后，便对钟离眛等人起了疑心，但对范增还是比较信任的。

眼见楚军已经围住荥阳，汉王非常担心，派人向项王议和，愿以荥阳为界，共分天下。项王并不愿意，并趁机派使者入城，想要一探城中情况。陈平得知后非常高兴，立刻令人做好一番布置。

楚使入城之后，先是直接去见汉王。汉王一副喝得醉醺醺的样子，模模糊糊、似是而非地和楚使寒暄了几句。随后，楚使被带到客馆休憩。

刚入客馆，不多一会儿，楚使便见仆役将许多鸡、羊、牛、猪和美酒送去厨房，心中暗自满意。这时，陈平来了，和楚使攀谈起来，言辞之中十分关心范增，一会儿问他的起居，一会儿问有没有他的手书。楚使被问得奇怪，便说道："我是奉项王之命来议和的，并非范亚父。"

一听这话，陈平大为吃惊，然后起身离开了。随后，只见一个小吏进入厨房，说了句什么，刚才抬进去的牲畜和美酒又都被从厨房中搬了出来。

等到日头西斜，楚使已经饥肠辘辘，总算有人奉上了饭食。没有想到，这一顿饭食，竟是连一点儿鱼肉都没有，蔬菜和酒水也难以入口。楚使非常气恼，袖子一甩就匆匆出城，回营之后，把自己的经历禀告给了项王。项王心中恼怒，对范增也起了疑心。

范增对此毫不知情，依然一心劝说项王攻打荥阳。两人大吵一架，不欢而散，范增这才意识到，项王定是听信谗言，对自己产生了怀疑。范增感到非常绝望，送还官印后便离开了楚营。此时的范增已年逾七十，加上行路艰难，又满腹愁绪，最后竟忧郁成疾，还没到彭城就撒手人寰了。

范增死后，项王十分懊悔，意识到自己应该是中了汉王的圈套，对他更是恨之入骨。随后，项王将钟离眜等人召来，好言抚慰后，下令全力攻城，荥阳的情势变得更加危急。此时，汉将纪信站了出来，表示愿意代替汉王去死。陈平由此想出一条脱身妙计。随后，陈平写了一封降书，派人交给项王，并许诺："今夜出城投降。"

到了约定时间，钟离眜等人早早等在城外，却迟迟不见动静。一直到半夜，东门突然开启，然而出来的，却是一群身披破烂铠甲的妇人女子，足有两三千人，看得楚兵啧啧称奇。将近黎明，这些女子走完之后，才有军队慢腾腾地出现，一乘龙车排在最后，车上端坐着一个人。

小儿一言救万民

　　项王亲自出营，结果一看，车上坐的人根本不是汉王，而是那个愿意替死的汉将纪信。项王大怒，让人烧死了纪信。至于真正的汉王，其实早在前一天晚上就偷偷带着陈平、张良和夏侯婴等从西门溜走了。

　　听说汉王在关中征兵，向宛洛进发的消息后，项王担心汉军要攻打彭城，于是立即移兵宛洛。就在这个时候，魏相国彭越竟打败了驻扎在下邳的楚军。项王得知后非常气愤，立即拔营攻打彭越。

　　彭越原本把守外黄城，见项王实在骁勇，自知敌不过，便趁着深更半夜偷偷跑了。主帅一跑，外黄城自然也就落入了项王手中。

　　项王认为，城中百姓都曾和彭越一起抵御过楚军，所以打算将城中十五岁以上的男子全部处死，以泄心头之恨。就在这时，一个小孩站了出来,对项王说道:"外黄的百姓久仰大王威名,但彭越来攻,城中无兵也无饷,百姓只能暂且投降,期盼大王前来解救。如今,大王果真来了,百姓们得以重见天日,无不感激涕零。但却有人传出谣言,说大王要杀死十五岁以上的壮丁。小民以为,大王您如同尧舜、汤武一般英明,断不会做出这样的事。"

项王看看小孩,说道:"你的话虽然有些道理,但我领兵到此,百姓还帮助彭越一起抵抗我,这是什么意思?"

小孩答道:"彭越部兵甚多,百姓手无寸铁,不敢与他抗衡,但心中对他却并不顺从。正是因为知道人心不服,所以彭越才趁夜出逃。如果百姓真顺从他、帮助他,他又何必急着逃跑呢?更何况,百姓如今已经归顺大王,如果大王杀死百姓,其他城池的人知道后,谁还敢归顺大王呢?"

项王本就欣赏这孩子胆大,如今听他说得句句在理,便应下他的请求,赦免城中所有百姓。就这样,一个黄口小儿,靠着自己的胆识和头脑,救下一城的百姓。

后来,项王率部离开外黄城,向东进发。一路上的郡县本就畏惧楚军声威,加之听说了外黄城的事情,都直接放弃抵抗,争相开城迎接楚军。就这样,此前被彭越占领的城池又全部回到了项王手中。

> **蔡公曰** 陈平致死范增,称为六出奇计之二,请捐金以间项王,一也,进草具以待楚使,二也。吾谓此计亦属平常,项王虽愚,度亦不至遽为所欺,或者范增应该毕命,遂致项王动疑,迫令道死耳。夫范增事项数年,于项王之残暴不仁,未闻谏止,而且老犹恋栈,可去不去,安知非天之假手陈平,使之用谋毙增乎?
>
> 彼十三岁之外黄儿,竟能说动暴主,救出万人生命,智不可及,仁亦有余。昔项王坑秦降卒二十万人,未有能进阻之者,使当时有如外黄儿之善谏,宁有不足动项王之心乎?故项王若能得人,非不足与为善,惜乎其部下将佐,均不逮一黄口小儿,范增以人杰称,对外黄儿且有愧色,遑问其他!无惑乎项王之终亡也。

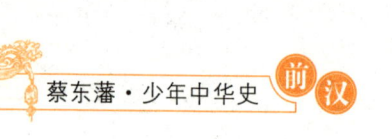

暂时的修和

项王率军抵达睢阳时，正好快过年了，便决定在睢阳暂住，等年后再启程。正在此时，突然传来消息，说成县失守，曹咎和司马欣阵亡。

曹咎和司马欣都曾有恩于项梁，项王封曹咎为海春侯，让他坚守成地，然后又派司马欣辅助。本以为这样必定万无一失，但他怎么也没有想到会是这样的结果。

其实，刚开始的时候，曹咎确实听命行事，一直没有轻举妄动。但汉军却屡屡来犯，甚至百般辱骂，激得城中守兵纷纷向曹咎请战。

一连几天，汉军的行为越来越过分，不仅叫骂不绝，还拿着绘满各种猪狗畜生的图样，写上曹咎的姓名，手执兵器乱戳。最终，曹咎忍无可忍，率兵杀出城去。司马欣来不及阻拦，只好同他一起去了。

曹咎与司马欣一路追赶汉军到达汜水，中了张良、陈平等人设下的埋伏，最终阵亡。成县没了守将，自然就归顺汉王了，项王留下的那些金银财宝也尽数落入汉王之手。

拿下成县后，汉王派人打听齐地的消息，想赶紧把韩信调回来，一起对抗楚军。郦食其得知汉王的打算后，便主动请缨，去招降齐王。

暂时的修和

当时的齐王是田荣之子田广。自从城阳一战后,齐军一直严阵以待,对抗楚军。后来,因为彭城失守,项王便调转枪头,一直和汉王对战,无暇再对付齐国。就这样,齐国得到了一段十分短暂的和平时期。得知韩信准备募兵攻打齐国时,齐王非常紧张。恰好此时,郦食其前来求见,齐王便召见了他。

郦食其游说齐王,让他归顺汉王,还承诺,只要他肯归顺,韩信自然不会再进兵。齐王本就害怕韩信,顺势答应郦食其的劝降,并要求他立即给韩信写信,让他退兵。

韩信收到郦食其的信后,本打算立即领兵南下找汉王会合,却被谋士蒯彻阻止了。蒯彻告诫韩信,如果此时退兵,收复齐地的功劳,可就变成郦食其的了。

思索许久,韩信猛地起身,钦点人马杀向齐都。此时,齐军已经接到投降的命令,因此毫无防备,被汉军打得毫无招架之力。齐王得到消息后,愤怒地处死了郦食其,在齐都陷落后落荒而逃,向项王求救。

此时,项王与汉王正在广武对垒,但汉军有敖仓的粮食做后盾,楚军的粮草却越来越少。接到齐王的求救后,为了牵制韩信,项王不得不令大将龙且与副将周兰一起率军前去援救。

考虑到粮草问题,项王必须和汉王速战速决,但偏偏无论楚军怎么叫骂,汉军就是不肯应战。无奈之下,项王只得让人将汉王的父亲太公绑在砧板上,推到军前,大声叫道:"刘邦,你若不肯出来投降,我便杀死你的父亲!"

汉王非常着急,张良劝慰他说:"如今项伯与大王是姻亲,定不会真的让您的父亲被杀死的。"

于是，汉王命人回话："我与项羽情同兄弟，我的父亲就是你的父亲，你若是真的要烹杀咱的父亲，那记得分我一杯羹！"

听到这无赖的回话，项王大怒，当即就要烹杀太公。这时，项伯站了出来，劝说项王道："想要争夺天下的人，往往都不会顾念家族，即使杀死他的父亲，又有什么用呢？不过是徒增仇恨罢了。"

项王便下令，将太公推了回去。

之前，为了牵制韩信，项王令龙且率二十万大军支援齐王。韩信收到消息后，当即下令退军三里，驻扎在一处地势险要的地方，按兵不动。龙且以为韩信胆怯，不敢应战，心中对他轻视了几分。

韩信在收到龙且下的战书后，便令人赶制了一万多个布囊，然后在布囊中装满泥沙，丢入潍水上游一处河水较浅、河面较窄的地方，并交代士兵，在两军交战的时候，看到竖起红旗，就立刻捞起沙囊。

次日一早，韩信便带人前去挑衅，将龙且一行人引诱到潍水。楚军进入河中后，他便竖起红旗，上游的士兵当即取出沙囊，水势骤然涨了好几尺，将河中的楚军冲得七零八落。韩信趁机率部杀回，楚军大败，龙且阵亡。齐王也被韩信捉拿，后被斩首。

平定齐地之后，韩信想做齐王，便给汉王写了一封文书。汉王非常生气，但受情势所迫，他只能答应韩信，封他做了齐王，并催促他赶紧发兵攻打楚国。

韩信得偿所愿之后，便打算发兵攻楚，这时蒯彻阻止道："如今这形势，足下若是帮汉，则汉胜，帮楚，则楚胜。可以说，楚、汉二王的性命都在你的手中。何不两不相助，静待时机，以齐国为据点，发

暂时的修和

展势力？"

韩信却说道："汉王厚待于我，我又怎能见利忘义？"

蒯彻见无法说服韩信，又觉得将来韩信必定不能长久，于是就离开了。韩信虽然没有接受蒯彻的意见，但心里也觉得有些忐忑，便决定按兵不动，再观望一番。

将军的选择困难症又犯了！

此时，项王已经收到龙且战死的消息，担心韩信率军帮助汉王。汉王则天天盼着韩信来，可等了几个月，依然不见踪影，只好封英布做了淮南王，让他到九江阻截楚军后路，又让彭越前往梁地断绝楚军的粮道。

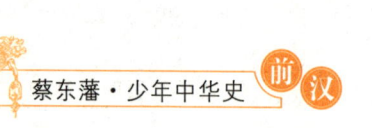

做好部署之后，汉王便和张良、陈平商量，如何救出父亲太公和妻子吕氏。众人一合计，决定与项王议和。

正好这个时候，楚军的粮草也快耗尽了，后方又有韩信这个威胁，项王的态度不免有些松动。而且，项伯对汉王本就多有偏袒，如今汉军议和，自然在旁规劝。双方商议过后，约定以荥阳东南二十里外的鸿沟为界，东归楚国，西归汉国。太公和吕后也被迎回，与汉王相见。

> **蔡公曰** 兵法有言：骄兵必败，龙且未胜先骄，即非韩信之善谋，亦无不败之理。项王以二十万众，委诸龙且，何用人之不明欤？然项王同一有勇无谋之暴主，而龙且即为有勇无谋之莽将，同气相求，故有是失。龙且死而项王亦将败亡，此徒勇之所以无益也。武涉之说韩信，各为其主，原不足怪。蒯彻并非楚臣，何为唆信叛汉，使之君臣相猜，他时钟室之祸，非彻致之而谁致之乎？若汉之遣使请和，得归太公吕后，虽由侯生之善言，实出一时之侥幸，假使项王不允，加刃太公，则汉王虽得天下，终不免为无父之罪人而已，贪天幸以图功，君子所勿取焉。

英雄末路，汉王称帝

议和之后，汉王正准备回关中，却被张良和陈平阻止。二人对汉王说："议和不过是为了救太公和吕后，如今目的已经达到，自当继续交战。况且现在正是天意亡楚的时候，若是放项王离去，无异养虎为患。"于是，汉王决定继续向东进攻，并令齐王韩信和魏相国彭越一起发兵，攻打项王。

项王得知汉王单方面撕毁盟约后，非常愤怒，直接调转枪头，率部杀向汉营。汉将们纷纷阻拦，却没有一人敌得过勇猛的项王。汉王见状大惊失色，赶紧狼狈逃回营中。虽然楚兵取得了短暂的胜利，但军中粮草已尽，韩信、彭越及淮南王英布三路大军业已陆续聚集而来，情势对楚军着实不利。

项王也明白这一点，因此打了胜仗也不打算久留，继续率军退回彭城。但项王也自恃武力雄厚，根本看不上韩信等人，听说韩信率军前来挑衅，立即率部前去迎击。殊不知，韩信早已设好伏兵，且战且退，将项王诱入包围圈。

这一次交战，楚军惨败，楚营十万精兵竟被汉军击杀三四成，又赶走三四成，最后回营的，竟只剩下两三万残兵。

项王有一个宠姬叫虞氏，每次项王出兵打仗，她都会乘车追随，与项王形影不离。这一次，虞姬同样也在营中。项王战败归来，满脸颓唐，对虞姬叹息道："败了，败了啊！"

虞姬不明所以，劝慰项王说："胜败乃兵家常事。"

项王却叹息道："你不知利害，我还从未遭遇过这样的恶战。"

夜幕降临，项王心中愁苦，饮了几杯酒便睡下了。突然，外头传来了悲悲戚戚的乐声，如怨如慕、如泣如诉，让人听得悲恸不已。这歌声是怎么回事呢？

原来，这是张良编的一曲楚歌，特意让手下的士兵到楚营外唱和，句句悲恸，声声哀怨。楚营的士兵们一听到这首曲子，就被勾起了思乡之情，无不悲伤垂泪，很快就失了斗志。不少士兵悄悄逃跑了，就连一直追随项王的钟离昧和季布等人也离开了，甚至项王的季父项伯也悄悄投奔了张良。

最终，一曲楚歌竟让项王手下只剩八百骑兵。眼见大势已去，项王心中反而平静下来。他命人烫了一壶酒，与虞姬共饮，一边喝一边张口作歌道："力拔山兮气盖世。时不利兮骓不逝。骓不逝兮可奈何！虞兮虞兮奈若何！"听到项王的哀叹，虞姬回应道："汉兵已略地，四面楚歌声。大王意气尽，贱妾何聊生！"

说完，众人潸然泪下。项王自知前路危险，本想让虞姬离去，自己则准备拼死一搏，突出重围。然而，虞姬却不肯独自偷生，坚定地对项王说道："贱妾与大王生死相随，还愿大王多多保重！"说完之后，虞姬拔出项王的佩剑，自刎而死。项王大为震动，抱着虞姬的尸身大哭一场后，只得将她就地安葬。

英雄末路，汉王称帝

趁天色未明之际，项王带着仅剩的八百骑兵向南奔逃。韩信得到消息后，立即让灌婴率领五千兵马前去追击，并将项王围困到一座小山上。敌众我寡，项王自知插翅难逃，慨然地对手下众人说道："我自起兵到今日，已是八年有余，大大小小的仗打过七十多场，不曾尝过一次败绩。如今被困在这里，想是天要亡我，唯愿最后再战一场，拼死也要突出重围！"

话音未落，汉兵已如潮水般涌来，将山团团围住。项王左手持戟，右手拿剑，从山上往下杀，连续打了九仗，所向披靡。因此，后人将这座山称为九头山。

项王一路突围，抵达乌江。此时，乌江亭长正好泊船靠岸，见到项王之后，连忙让他上船渡江。项王却笑着说道："天意亡我！想当初，我与江东八千子弟渡江西行,如今却无一生还,我又有何颜面再去面对江东父老呢?"

此时,追兵已至,项王将追随多年的乌骓马送给亭长之后,便手持短刀,一连砍杀数百汉兵,拔剑自刎,终年三十一岁。

汉王曾发布悬赏令,谁能取得项王首级,便赏赐千金,封万户侯。最终,汉将王翳抢到项王的头颅,吕马童、杨喜、吕胜和杨武四将各得一块尸骸,五人向汉王报功,当即获得封赏。

项王死后,汉王亲自为其发丧,并下令赦免项氏宗亲,还特意召见项伯,封他做射阳侯,顺利接手项王的主要势力。之后,汉王又下令收缴韩信的军符,改封他为楚王。韩信知道,汉王这是记恨他此前的作为,但不管怎么说,他也算是衣锦还乡,于是领了楚王印就离开了。其余有功之臣也得到了相应的封赏。

天下初定之后,众王侯联名上疏,尊汉王做皇帝。汉王登基后,便颁布诏书,大赦天下,立吕氏为皇后,长子刘盈为皇太子,并定都洛阳(后来迁都长安)。之后,汉王又令人将宠幸过的曹氏和戚氏一并接到洛阳,曹氏为汉王生了儿子刘肥,戚氏则为汉王生了儿子刘如意。汉帝后来的庙号为"高皇帝",因为他又是汉朝始祖,所以后世又称他为"汉高祖"。

高祖平定四海之后,一天,突然收到消息,说前齐王田横和五百多余党正躲藏在一个海岛上。原来,当初田横被灌婴打败之后就投奔了彭越,结果彭越投靠了汉王。田横害怕遭灾,就偷偷和愿意追随自己的人一起逃到东海的一个小岛上。

高祖得知此事后,便派使者前去招降。田横无力与高祖抗衡,也

英雄末路，汉王称帝

不愿连累手下的人，只得带着两名门客一同跟随使者离开，入都受封。途中，田横避开使者，对两名门客说道："原本我与汉王地位相当，可如今，汉王成为天子，而我却做了亡虏。更何况，我还杀了郦食其，以后真的要和他弟弟同朝为官，又怎能安心？汉帝召见我，不过就是想确认我的身份，你们不如割下我的头，带去洛阳交给汉帝。如今的我已是国破家亡，生死都无所谓啦！"说完，田横拔剑自刎。两位门客十分伤心，带着田横的头颅前去觐见高祖。受封都尉后，二人依旧面无喜色，送田横下葬之后，竟相继自杀在田横的坟前。

高祖得知后，心中更是忧虑，想到海岛上还有五百余人，如果都像这两位门客这样忠诚，将来岂不是一大隐患？高祖又派人前去海岛，谎称田横已经顺利授官封爵，然后将这五百多人带回了洛阳。众人抵达洛阳之后，才知道田横已经身死，便一同到田横墓前，边拜边哭，随后竟都自杀殉主了。如此，也算了却了高祖的一番心事。

> **蔡公曰** 韩信之十面埋伏计，史策未详，但相传已久，度非无因。况当时汉兵竞集，为特一无二之大举，人数不下三十万，分作十队，绰有余裕，非行此计以困项王，则项王之勇悍，无人敢敌，几何而不蹈固陵之覆辙也。虞姬之别，乌江之刎，最为项氏惨史，经著书人依次写来，尤觉得情节苍凉，令人悲咽。

封侯定制的正确方法

田横手下的忠诚让高祖后怕不已,不由得联想到昔日项王手下的那些部将。这时候,高祖突然想到一个人,那就是季布。当初在睢水一战时,季布穷追不舍,高祖差点儿就折在他的手里。想到这些,高祖当即下令,悬赏千金捉拿季布。

此时的季布正藏在故友濮阳周某家中。周某听说朝廷发布的悬赏令后,便想了个法子,让季布冒充犯人,然后将其卖入鲁人朱家做奴仆。朱家是当时著名的大侠,与周某有些交情,了解情况之后,便决定亲自去洛阳替季布开罪。

朱家找到滕公夏侯婴,两人一见如故,相谈甚欢。在朱家的劝说下,夏侯婴同意帮季布开罪。果然,不久之后,朝廷就颁布了赦免令,并召季布前去觐见。

高祖见到季布之后,并没有为难他,而是封他做了郎中。季布同父异母的弟弟丁公听说这事后,也跑来洛阳求取富贵。丁公曾在彭城西边放走高祖,原以为凭借这点"恩惠",能有一番造化。没想到,高祖却怒斥丁公本为楚将,却纵敌逃跑,最终下令将他斩首示众。

处置完丁公之后,高祖宣见了虞将军举荐的人才——陇西戍卒娄敬。娄敬见到高祖后,便直接向他谏言迁都关中。高祖拿不定主意,便下令召见张良,打算和他一起商量定夺。自从高祖平定天下之后,张良就说自己已经功成身退,闭门不出了。但高祖不愿意放跑张良这个人才,只说允许他暂时休养,但遇到事情的时候,还是要召他入朝商讨。

张良得知此事后,也赞同娄敬的意见,认为关中三面据险,尤其是栎阳城,曾是秦国都城,易守难攻,且水路畅通,便于传递消息,比洛阳更具优势。高祖这才下定决心,命人整备行装,准备迁都。

抵达栎阳不久,北方就传来燕王臧荼造反的消息,高祖当即点兵赶往燕境。这边臧荼刚刚和手下商议好如何出兵,那边高祖就已经率汉军兵临城下,险些将他吓得魂飞魄散。燕地百姓都想安居乐业,不愿支持臧荼打仗,不过三五天,城池就被汉军攻破了。之后,高祖让太尉卢绾留守燕地,封他做了新燕王。

汉高帝六年(前201),高祖回洛阳宴集群臣,突然想起项王的另一个部下钟离眛还未抓捕归案,心中不免有些担忧,于是再次下了通缉令。不久,高祖收到消息,说钟离眛其实被韩信收留,一直藏在下邳。高祖对韩信本就防备,如今再加上一个钟离眛,更是让人寝食难安。

为了拿下韩信,高祖听从陈平建议,打算以出游云梦为由,将各诸侯召集到陈地觐见。韩信知道高祖一直提防自己,接到诏令之后,心里也有些怀疑。手下人见韩信忧心,便谏言,让韩信将钟离眛的首级献给高祖,以此来表忠心。

钟离眛知道这事后,对韩信说道:"楚国之所以现在还安全,就是因为汉帝担心我和你联手。今天你要是将我献给汉帝，明天也就是你灭亡的时候了！"

钟离眜说完，见韩信依然犹豫不决，悲愤起身唾骂道："你这个反复小人，我当初真不该投奔到此！"说完便拔剑自刎。

韩信见钟离眜已死，便带着他的首级前往陈地觐见高祖。然而，高祖一见到韩信，便以谋反的罪名，下令让手下将他抓捕起来，带回洛阳。

虽然高祖忌惮韩信，但他也知道，韩信功劳很大，又没犯过什么错，根本没有任何证据可以证明他反叛，如果贸然将他下狱问罪，必然引来众人非议。于是，高祖决定将他降封为淮阴侯。

封侯定制的正确方法

处理完韩信之后,为了避免众将争抢功劳,高祖只得选出数人封为列侯。其中,张良为留侯,陈平为户牖侯,萧何为酂侯。对于此次封赏,众将最不服气的就是萧何。在他们看来,张良和陈平都有实打实的战功,但萧何却一直安居关中,毫无战绩,凭什么也能封侯拜相?

对于众臣的质疑,高祖说道:"诸位可见过田中狩猎的情景?猎狗追杀兽兔,而发号施令的却是猎夫。诸位攻城略地,干的是猎狗的活儿,萧何却是发出指示的猎夫!更何况,萧何是举族追随我的,诸位又有谁能像他这般呢?"在排列侯位次的时候,高祖又力排众议,将萧何排在第一位。

高祖又相继封赏了不少将领,但大多是亲朋好友。其余没有受到封赏的有功将领心中自然不忿。

一天,高祖见到一群武官打扮的人聚集在一起,交头接耳地商量着什么。高祖很疑惑,便去问张良,结果张良不假思索地说道:"他们在聚众谋反。"

高祖很惊讶,问道:"为什么要谋反?"

张良说:"陛下当初与众将一同取得天下,如今得到封赏的却都是故友亲朋,杀的都是有仇有怨的,怎么会不让人心生顾虑呢?"

高祖询问张良有没有什么办法解决这个问题,张良想了想,问道:"陛下平时最讨厌谁?"

高祖答:"雍齿。"

张良说道:"那赶紧给他封侯,这样就能免除后患了。"

次日,高祖封雍齿为邡侯。其他人一看,就连雍齿都被封赏了,那就不用担心了，从此相安无事，不再多有疑虑。

当初跟着高祖打天下的将领大多是泥腿子，如今做了官，也都是举止粗豪，不懂礼法。高祖不喜秦朝廷的繁文缛节，但眼看一帮臣子入宫参加宴会时大声喧哗，鬼哭狼嚎，甚至拔剑砍柱，实在闹得不成样子，便决定制定一些简单的礼法以约束众人的言行。

高祖把这事交给博士叔孙通负责。叔孙通召集了一帮儒生，经过一个多月的演习，为汉朝制定了新的礼仪规范。

封侯定制的正确方法

秋尽冬来，汉高帝七年（前200）元旦，各国诸侯王与百官到宫中朝贺。天还没有亮，就有谒者等候在宫门前，引诸侯群臣入内。殿中仪仗早已陈列，十分森严。高祖乘车辇出来，左右的卫官和郎中便开始大声呼喊，百官听令列队。高祖落座后，大行开始传呼诸侯与众臣分批前来觐见，众人按照新的礼制向高祖行礼。宴会进行中，若有人酒后失态，便被御史领去，整个过程井然有序，十分肃穆。待宴会结束，众臣告辞之后，高祖回到内廷，心中十分欢喜，高呼："直到今天，我才体会到做皇帝的尊贵啊！"

> **蔡公曰**　叔孙通揣摩求合，欲起朝仪，徒以绵蕞从事，贻讥后世；而高祖反喜出望外，叹为皇帝之贵，及今始知。夸外观而失真意，乌足制治？

白登山危局

长城北面的匈奴曾被秦将蒙恬击败,后秦朝覆灭,匈奴又乘机南下,卷土重来。

在匈奴,国王称为单于,王后称为阏氏。当时匈奴的单于叫头曼,他有个长子叫冒顿,十分悍勇,被立为太子。但后来,头曼又续立阏氏,生下一个儿子。头曼十分宠爱这母子俩,甚至生出改立太子的想法。于是,冒顿就被头曼送去月氏做了人质。

月氏位于匈奴的西边,国力十分强盛。头曼虽然表面上和月氏交好,但暗地里早已做好攻打月氏的准备。冒顿一直都在提防月氏和头曼,在得知头曼真的率部前来攻打月氏时,连夜逃回匈奴。

冒顿很清楚,父亲之所以攻打月氏,本就存了借刀杀人的心思,想利用月氏除掉他,好改立弟弟为太子。如今虽然逃过一劫,但将来谁又知道会怎样呢?为了自保,冒顿日夜苦思,终于想到一个法子。他发明了一种在射出时会有响声的箭,称为鸣箭,并下令让部下们听从指令,但凡看到他的鸣箭射出,便跟着一起射向同一个地方,违令者斩。

为了训练部下,一次,冒顿看到妻子,便用鸣箭朝她射了过去。部众大惊失色,但军令如山,不得不射。事后,冒顿一番清查,将其中几个没有动手的人都杀死了。自此之后，部众们都不敢再违抗命令，只要鸣箭一响，便都纷纷放箭。

眼见时机成熟，一天，冒顿邀请头曼一起狩猎，头曼在前，冒顿在后，这时他突然举起鸣箭射向头曼，部下一听到鸣箭声响，便纷纷举箭射向头曼。就这样，这位匈奴单于死在了乱箭之下。杀死头曼之后，冒顿又把继母、少弟及头曼的亲信大臣都杀死了，成为匈奴的新单于。

冒顿单于悍勇善战，先后收服了东胡、月氏、楼烦、白羊，并夺回了被蒙恬占领的土地，兵锋直达燕、代两地。

冒顿单于在北方动作的时候，正值楚汉相争之际。直到消灭楚国，高祖才有闲暇整顿边防。为抵御匈奴，高祖令韩王信移兵太原，后又转迁马邑，可城防工事还没修建完毕，匈奴就打了过来。韩王信立即上奏求援，但又担心城池陷落，援兵不能及时赶来，于是自作主张前去找冒顿求和。

高祖得知此事后非常生气，派人前去马邑责问韩王为何擅作主张求和。结果，韩王信因为害怕被问罪，竟直接将马邑城献出，投降了匈奴。有了韩王信做向导，匈奴大军向南越过勾注山，直指太原。

高祖收到警报，当即点兵三十二万，下诏亲征。一开始，高祖在晋阳坐镇，听说前锋与匈奴交战，屡战屡胜，且匈奴军队中大多是老弱残兵，便决定亲自率军追击匈奴。

奉春君刘敬劝阻高祖说："两国相争，本该耀武扬威，但我方前去打探，却发现匈奴人马多为老弱瘦伤之人，这样的队伍怎么可能横行塞北呢？所以，我想其中必然有诈，定是想引诱我军深入。"

刘敬原名娄敬，当初就是他向高祖谏言迁都，因谏言有功得到封赏，并被赐姓刘氏。刘敬的话让高祖非常生气，直接以搅动军心的罪名将他关押起来，打算等打败匈奴之后再来处置。

然而，令高祖没有想到的是，这真的是匈奴的诱敌深入之计。因为急着打败匈奴，高祖一马当先，率领一队骑兵快速追击。由于速度实在太快，大部分的步兵都落在后面。等高祖率骑兵进入平城之后，只听一声呼哨，早已埋伏好的匈奴单于冒顿率大军杀了出来，一直将汉军逼上白登山。

就这样，高祖被困白登山，山下是重重包围的匈奴兵，援兵也迟迟未到。转眼六天过去了，粮食早已所剩无几，加上天气寒冷，将士们苦不堪言。就在这个时候，陈平想到了一个办法。他派遣一位颇具胆识的使臣，带着金银珠宝和一幅画卷下山，通过贿赂进入敌营，求见冒顿单于的阏氏。

冒顿十分宠爱这位阏氏，常常将她带在身边，这次打仗也不例外。使臣见到阏氏后，先是奉上金银珠宝，说是汉帝赠予她的礼物，然后又取出画卷献上。阏氏展开画卷，只见上面画着一个美艳绝伦的女子，直让人目眩神迷。阏氏不由得心生妒意，问道："这是什么意思？"

使臣说道："如今汉帝被围困，十分想与单于修好，所以赠上金银宝物，希望您能从旁说和。担心单于不肯答应，所以汉帝又承诺，愿意将我国的第一美人献上，只是如今这美人不在军中，只能先呈递画像了。"

阏氏赶紧说道："美人就不必了，你让汉帝放心吧。"说完，她就把画卷还了回去。

使臣离开后，阏氏左思右想，生怕汉帝真的送来美人和自己争

白登山危局

宠，便劝说冒顿："汉帝如今被困山中，这援军马上就要到了。如果咱们不放他走，汉人必定不会善罢甘休。而且，汉军都被困了六七天，也不见慌乱之色，想来是有转危为安的手段，单于又何必逆天行事呢？倒不如将他放了，免得多生战祸。"

有了妻子的劝说，加上冒顿也不信任投诚的韩王信等人，干脆就顺水推舟地放过高祖。就这样，历经七天苦楚，高祖才得以侥幸逃生。

吃了这次大亏，高祖自然不愿再继续攻打匈奴，而是直接率军南还。刘敬也得到赦免，并被加封为关内侯，食邑二千户，号建信侯。其余有功之臣也都得到了相应的封赏。

汉高帝九年（前198），元旦刚过，北方又传来奏报，说匈奴犯边。高祖十分烦恼,召刘敬商议对策。

刘敬认为,此时天下刚刚稳定,并不适合再与匈奴开战,因此提出和亲的想法,让高祖将长公主下嫁给单于,做匈奴的阏氏。这样一来,冒顿就成了高祖的女婿,而冒顿死后,高祖的外孙就会成为新的单于,这外孙又怎敢和外祖父对抗呢?

高祖听了非常高兴,认为这个计策非常好。但吕后却死活不同意将女儿远嫁匈奴,第二天就赶紧下令让太史选择吉日,将长公主嫁给了此前已定下婚约的赵王张敖。高祖没有办法,只好将后宫一个仆人所生的女儿充作长公主,送往匈奴和亲。

长公主毕竟是假冒的,刘敬担心事情暴露生出祸患,仍不放松边防建设。除了匈奴之外,刘敬认为,那些六国的后裔和豪强大族也应当提防。

最终,高祖采纳了刘敬的建议,将齐地的田、怀二姓,楚地的屈、昭、景三族,以及燕、赵、韩、魏的后裔及豪杰名家等迁入关中。

> **蔡公曰** 高祖之被困白登,失之于骄,若非陈平之多谋,几致陷没。骄兵必败,理有固然。然冒顿能出奇制胜,而卒不免为妇人女子所愚,百炼钢化作绕指柔,甚矣,妇口之可畏也!
>
> 鲁元公主,已字张敖,乃欲转嫁匈奴,其谬尤甚。帝王驭夷,叛则讨之,服则舍之,从未闻有与结婚姻者,刘敬之议,不值一辩,况鲁元之先已字人乎?

吕后："功臣收割机"

鲁元公主是高祖和吕后的长女，也就是那位险些被送去和亲的长公主。

鲁元公主与赵王张敖有婚约，因此，高祖在白登山脱困之后，回程途中路过赵国，得到了赵王张敖的殷勤款待。可高祖十分看不起张敖，不仅不领情，还发脾气辱骂了张敖一通，然后就离开了。

贯高和赵午是赵国的老臣，见高祖这般羞辱张敖，心中十分不忿，便私下商议，想要加害高祖。但当时高祖匆匆忙忙就离开了，他们没能找到机会。后来听说高祖出兵东垣，回来的时候要路过赵国，便秘密派遣刺客，打算趁机刺杀高祖。

但他们没想到的是，高祖原本确实打算在柏人县寄宿，可不知为何，突然心中不安，尤其是在听到县城的名字之后，觉得"柏"与"迫"十分相似，感到十分不祥，就匆匆忙忙地离开了。当时，刺客就藏在隔壁。

后来，这件事情被贯高的仇家揭发了，赵王张敖莫名其妙地就被冠上谋逆的罪名。事情暴露之后，赵午一急，自杀死了。贯高得知后非常生气，怒斥道："我王并未谋逆，一切都是我等所为，如今连累了我王，若是一死了之，那我王的冤情又该怎样洗脱呢？"于是束手就擒，随张敖一起被押送至洛阳。

张敖出身高贵，又是高祖的女婿，廷尉不敢随意对他用刑。但对待贯高，那就相当不客气了，屡屡施以重刑。可一连审了几天，不管怎么严刑拷打，贯高都一直坚持为赵王喊冤。高祖知道这事后，心中也产生了怀疑，找来贯高的故友一番打听，发现这人确实是个高义之人，这才相信张敖的清白。

之后，高祖将张敖降为宣平侯，封代王刘如意做了新的赵王，又封御史大夫周昌做了赵相，辅佐赵王。

周昌是前御史大夫周苛的弟弟。周苛在荥阳一战中殉难后，周昌便接任了他的职务。周昌不善言辞，有口吃，但为人十分正直敢言，就连高祖都怕他三分。当初，高祖在宠姬戚夫人的"枕头风"下，打算废长立幼，改立刘如意为太子时，就是周昌站出来极力反对的。后来之所以封周昌为赵相，辅佐刘如意，实际上也是看重他的正直敢言。

汉高帝十年（前197）七月，太上皇病逝，王侯将相们都来参加葬礼，只有代相陈豨没来。事后，周昌觐见高祖，举报了陈豨打算谋反的消息，而和陈豨勾结谋反的，正是淮阴侯韩信。韩信自从被降职后，就一直耿耿于怀，他知道自己早已失去高祖的信任，故而在陈豨前往代地时便与他约定，里应外合，夺取天下。

事情败露后，陈豨直接与韩王信联合，一起举兵反叛。高祖大怒，亲自率军前往平叛，大获全胜。最终，韩王信被斩杀，陈豨一败涂地后逃去匈奴。

平定代地后，高祖封皇子刘恒做了代王。刘恒是薄姬之子，薄姬并不得宠，刘恒前往代地时，便求了高祖，将薄姬一同接走。因此，薄姬得以逃过一劫，安享富贵去了。

就在这个时候，高祖忽然接到吕后密报，说已经将韩信处死，并诛杀其三族。这又是怎么回事呢？

当初，韩信因被降职而耿耿于怀，于是便与陈豨约定谋逆。因为周昌的举报，陈豨事情败露，高祖领兵亲征。吕后是个非常清醒的女人，她知道，高祖偏宠戚姬，与自己的感情越来越疏离，便想趁机在朝堂上揽权，干些大事让人畏服。恰巧这个时候，韩信手下一个叫栾说的人上疏，称韩信和陈豨有勾结。吕后得到消息后，便召来萧何，与他商议对策。

吕后先是派一名心腹假扮成传递捷报的士兵，说高祖已经顺利打败陈豨。朝臣们听说后，都纷纷进宫道贺，只有韩信一直称病，闭门不出。然后，又让萧何以探病的名义前去看望韩信，游说他入宫道贺。

当初韩信之所以留在高祖麾下，就是萧何一手促成的，因此二人关系非同一般。韩信不好拒绝萧何，只得跟他一起入宫。结果，刚一入宫，韩信就被埋伏好的武士们拿下了。此时，韩信才知自己中计，不由得悲从中来，仰天长叹道："若是当初我听从蒯彻的话，今天就不会落到这样的下场了！"

话音刚落，吕后便下令就地处死韩信，并将其父族、母族、妻族全部诛杀。

高祖收到消息后，自是十分惊喜，立即动身回长安。得知韩信死前说的话后，高祖立即下令把蒯彻抓了起来，押解入京。

见到蒯彻后，高祖愤怒地责问他："你竟敢教淮阴侯谋反？"

蒯彻说道："我确实曾劝他自立，可惜他不听我的，否则今天陛下又怎能杀得了他呢？"

高祖大怒，本想直接下令将蒯彻处死，却听蒯彻高声大呼道："我一心为主，何罪之有？那时我只知韩信，不知陛下。这天下与我一般的人并不少，陛下是要将其一一杀尽吗？如果不杀别人，却只杀我，那我多冤枉啊！"

听到这话，高祖笑了，赦免了蒯彻的罪过。

梁王彭越在韩信被降王为侯之时，就对高祖生出戒心。后来陈豨造反，高祖派人召彭越一起出征，彭越托病不去，让高祖十分恼怒。平叛之后，高祖下诏斥责彭越，彭越心中惶恐，打算向高祖请罪。部将扈辄劝阻道:"你以前不去,现在去了肯定会被抓起来,倒不如乘机起事,半路阻截汉帝。"彭越只采用了扈辄一半的计策,再次称病,不去见高祖,但也不敢造反。

这事被梁太仆听说后,直接报告给高祖。高祖非常生气,把彭越和扈辄一起缉拿到洛阳。廷尉一番审讯之后,发现彭越确实无心造反,但在揣摩了高祖的心意之后,决定从严定罪。最终,高祖下令斩杀扈辄,将彭越贬为平民,流放蜀中。

吕后得知此事后,心中非常担忧,认为放过彭越无异于养虎为患,便把彭越又诓骗回洛阳,诬陷他暗中招兵买马,意图谋反。就这样,彭越最终还是被处死了。

彭越死后,高祖将梁地一分为二:东北仍称梁,封儿子刘恢为梁王;西南称淮阳,封儿子刘友为淮阳王。

> **蔡公曰** 韩信谋反,出自舍人之一书,虚实尚未可知,吕后遽诱而杀之,无论其应杀与否,即使应杀,而出自吕后之专擅,心目中亦岂尚有高祖耶?或谓高祖出征,必有密意授诸帷房,故吕后得以专杀,此言亦不为无因,试观高祖之不责吕后,与吕后之复请诛越,可以知矣。

皇帝驾崩

韩信和彭越相继被杀后，淮南王英布慌了，生怕下一个就轮到自己，于是暗中调兵守边，以防不测。

这时候，英布的爱姬得了病，为她治病的医生家对面正好住着中大夫贲赫。贲赫得知王姬生病，便想趁机巴结奉承，派人给王姬送去许多贵重的礼物，在王姬病愈之后，还特意摆宴为其庆贺。

王姬得了贲赫的好处，便想替他说话，结果却弄巧成拙，让英布误以为二人有私情，打算把贲赫抓起来当面对质。

贲赫知道这事后，非常害怕，连夜逃去长安，直接向高祖告发，说英布有谋逆之心。高祖没有直接相信贲赫，而是暂时将他关押起来，然后派遣使者进行调查。

英布本就提防高祖，知道贲赫告发自己之后，一怒之下把贲赫全家都杀了，还打算把前来调查的使者一并杀掉。幸好使者得到风声，提前逃脱了，回到长安就告诉高祖英布已经起兵谋反。

此时，高祖刚刚病愈，身体还没完全复原，于是就起了让太子刘盈统兵平叛的心思。太子身边有四位上宾，分别叫东园公、夏黄公、绮里季和用里先生。这四人名气很大，原本隐居商山，号称商山四皓。

吕后曾询问张良，如何才能保全太子，张良便指导吕后将这四人请来辅佐太子。

得知高祖打算让太子统兵后，四皓便让吕后去高祖面前哭诉，说朝廷诸将都是高祖的旧部，太子统兵不能服众，而英布又是天下猛将，如果不能顺利平乱，必然会影响朝局。最终，高祖只得打消这个念头，下诏亲征。

夏侯婴有个门客叫薛公，颇有才智，料事如神，夏侯婴便将他举荐给了高祖。高祖询问薛公关于英布反叛的事情，薛公说："英布造反不足为虑。如果他出上策，恐怕能占取山东；如果出中策，则胜负未可知；如果出下策，陛下就能高枕无忧了。"

而薛公料定英布必然会出下策。薛公说："英布原本只是骊山的刑徒，没什么见识，只是恰逢乱世，才得到封王的机会。但他目光短浅，只看得到眼前，所以必然会出下策。"

果然不出薛公所料，英布很快就败于高祖之手，被打得七零八落，四散奔逃，最终在逃亡途中被长沙王吴臣派的人所杀。

此次平叛，高祖胸口中了一箭，但战事进展十分顺利。回程途中，高祖顺道去了一趟沛县，探望乡亲父老。众人十分高兴，早早备好筵席，与高祖开怀畅饮。酒入欢肠，高祖心情舒畅，作歌道："大风起兮云飞扬，威加海内兮归故乡，安得猛士兮守四方！"

高祖在沛县住了十多天后才离去。这一次征讨英布，沛侯刘濞作战勇猛，杀了不少敌人。刘濞是高祖兄长刘仲的儿子，高祖便封他做了吴王。等刘濞来谢恩时，高祖却发现，他面目犷悍，生有反相，但已经封他为王，也不好收回成命，只得敲打他一番，嘱咐他千万谨记,天下同姓是一家,日后万万不可谋反。

入关之后,因为箭伤反复,高祖一连卧床数日。其间,戚姬一直陪伴左右,日日哭求高祖保全他们母子的性命。高祖知道,要想保全戚姬母子,就只能改立太子,否则吕后必然不会放过这母子二人。于是,高祖再次重提废立之事。

张良作为太子少傅,自然坚决反对,但不管他怎么说,高祖都不愿听从。张良心灰意懒,干脆闭门谢客,托病不出。太子太傅叔孙通也很愤怒,直接入宫对高祖说道:"秦始皇因没有早日立扶苏,才导致秦朝灭亡,这些都是陛下亲眼见到的。如今太子仁孝,吕后也曾与您同甘共苦,陛下怎能无端背弃?若今日陛下一定要废长立幼,那么就让臣先走一步吧!"

说完,叔孙通准备拔剑自刎,吓得高祖慌忙阻止,无奈叹息道:

"不过说句戏言，你怎么就当真了呢？"眼见内外大臣都反对废除太子，高祖也感到十分为难，只好先把这事拖延下来。

不久，高祖箭伤痊愈，特意在宫中摆酒，召见太子，结果却见到四皓也一同跟随左右。宴席结束后，高祖郁郁寡欢，对戚姬叹息道："朕本是想改立太子的，但如今，他已经得到四皓的辅助，羽翼长成，再难撼动了。"

戚姬听罢，悲泣不已，却也无可奈何。

此次高祖讨伐英布，曾多次询问使臣，相国萧何在干什么。萧何知道这件事后，也想不明白，高祖想干什么。一次，萧何和手下的幕僚说起这件事，幕僚大惊失色，说道："恐怕你不久就会遭遇灭族之祸啊！"

萧何大惊，忙询问幕僚缘由。幕僚解释道："你如今身居高位，已是不能再加封了。主上多次询问你的动向，其实是担心你在关中深得民心，一旦起了造反的心思，恐怕主上就要前功尽弃啦！如今你要是再继续一心为民，只会增加主上的猜忌，倒不如强迫百姓用低价售卖田地给你，让民间对你生出怨言，只有这样才能保全家族。"

萧何听从幕僚的建议行事。不久，果然有不少百姓上书，状告萧何强买民田，高祖对此却毫不在意，只让萧何向百姓请罪，补足田价，也就将此事放过了。

然而，不久之后，萧何就因触怒龙颜被高祖抓了起来，原因竟是他发现长安城里的居民越来越多，耕田不够分，于是就上了道奏折，请求高祖将上苑的空地让出来做耕地。高祖觉得，他是在讨好百姓，收买民心，一怒之下就把他抓了起来。

大臣们都觉得萧何十分冤枉,但因惧怕高祖,不敢为萧何说话。只有一个卫尉趁着高祖心情好的时候站出来替萧何开脱,历数他曾立下的种种功劳。高祖无可辩驳,踌躇许久之后才命人将萧何放了。

就在此时,有消息称燕王卢绾和陈豨有过勾结。卢绾是高祖的发小及同窗,二人关系十分亲厚,高祖对他非常信任,根本不相信他会做这样的事。但实际上,卢绾确实与陈豨有过通谋,所以在高祖召他入朝时,他做贼心虚没敢去。

在证实卢绾确实有过二心后,高祖勃然大怒,导致箭疮迸裂,又是一番受苦。此时,高祖连吕后和太子都恨上了,只觉得如果当初不是吕后阻止太子出战,自己也不会中箭受伤,因此对他们常常没有好脸色。

高祖身边有一个侍臣,和樊哙向来不对付,见高祖恼恨吕后,便趁机进谗言说:"樊哙是皇后的妹夫,早就和皇后站在一边了,听说他还在暗地里谋划,等主上驾崩之后,就要把戚夫人和赵王都杀死!"

高祖听后大怒，立即把陈平和周勃叫来，让他们斩杀樊哙。二人见高祖病情严重，不敢违逆，只好先领命退出。

此时，樊哙正奉命征讨卢绾。陈平和周勃便商议，樊哙毕竟身份特殊，又是高祖故人，而且有很大的功劳，不如折中行事，先把他抓起来带回京，至于要不要杀，就交给高祖去决定吧。

陈平和周勃离开后，高祖的病情越来越重。汉高帝十二年（前195）三月，高祖预感到自己大限将至，便召集列侯群臣一同入宫，让他们宣誓："以后非刘氏族人不能封王，非有功之臣不能封侯。若违此誓，天下共击之！"

随后，高祖又派人告诉陈平，让他不必回宫复命，直接去荥阳，和灌婴一同驻守，以防生乱。

之后，高祖才召吕后入宫，嘱咐后事。高祖交代，在萧何百年之后，可让曹参接替，曹参之后可用王陵，但须让陈平和周勃一同辅佐。至于之后的事情，恐怕也不是吕后能管的了。

几天后，高祖于长乐宫驾崩，享年五十三岁。

> **蔡公曰** 四皓为秦时遗老，无权无勇，安能保全太子，使不废立？高祖明知废立足以召祸，故迟回审慎，终不为爱妾所移，其所谓羽翼已成，势难再动，特绐戚夫人耳。戚姬屡请易储，再四涕泣，高祖无言可答，乃借四皓以折其心，此即高祖之智术也。厥后械系萧何，命斩樊哙，无非恐太子柔弱，特为此最后之防维。何本谦恭，挫辱之而已足，哙兼亲贵，刑戮之而始安。

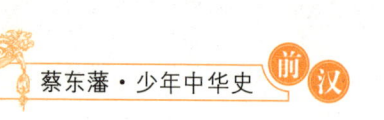

心狠手辣的吕后

高祖驾崩后,吕后担心自己和太子压不住那些与高祖一同起事的功臣,便生出要将他们一并除掉的心思。吕后暂时隐瞒了高祖驾崩的消息,将心腹辟阳侯审食其召入宫中商议。

审食其是高祖的同乡,没什么才干,但长相不俗,口齿伶俐,善于迎合别人。高祖起兵之后,审食其就一直帮他照应家里。那时候,家事都由吕后主持,审食其又事事顺从。当初高祖亲眷被项羽关押囚禁时,审食其依然对吕后不离不弃。高祖称帝后,也是因吕后怂恿,审食其才得封辟阳侯,由此,他更加感念吕后,二人感情也更深了。

吕后本想先隐瞒高祖驾崩的消息,以安排辅政之事为由,召集功臣入宫,然后设伏兵将其全部击杀。但不等计划实施,就走漏了风声,吕后只得放弃,传令发丧,而此时距离高祖驾崩已经过了四天。之后,年仅十七岁的太子刘盈正式登基,称惠帝,尊吕后为皇太后。

再说燕王卢绾,他虽然有过二心,但并不想和汉兵交战,因此听说樊哙要率军来征讨,就带着家眷和数千骑兵躲出去了,想着等高祖病愈之后再入朝告罪。没想到,等来等去,等到的却是太子登基的消息。卢绾怕吕后杀他,干脆率众投了匈奴。

樊哙抵达燕地时，发现卢绾已经跑了，燕地的百姓并没有造反的心思。正准备追击卢绾时，陈平和周勃带着圣旨来了，二话不说就把樊哙捆了起来。见樊哙要反抗，陈平宣读完圣旨就赶紧走过去，对樊哙耳语几句，樊哙这才安静下来。

正当陈平和周勃押着樊哙准备入关时，高祖的第二道诏令送达，让陈平不必回宫，直接改道荥阳帮助灌婴，至于樊哙的首级，交给诏使送回国都。诏使和陈平有些交情，便私下将高祖的状况告知陈平，提醒他不要急着复命。果然，仅仅过了两三天，陈平就听到高祖驾崩的消息。

接到高祖驾崩的消息后，陈平直接把樊哙交给诏使，自己则快马加鞭地赶回关中。他知道，自己必须在樊哙的妻子发难之前先一步见到吕后，否则事情恐怕就说不清了。

一入宫，陈平就冲到高祖灵前跪下，边拜边哭。吕后看到陈平，赶紧上前询问樊哙的下落。陈平答道："臣奉诏斩杀樊哙，但一想到樊将军立有大功，自然不敢轻易杀害，所以就私自决定先将他押解回京，再等候发落。途中听闻先帝驾崩，便先行一步赶来了，樊将军随后就到。"

听到樊哙没死，吕后这才松了一口气，对陈平更是感激。

刚送走陈平，樊哙的妻子吕媭果然就来找吕后哭诉，让吕后治陈平的罪。吕后自然是驳斥了吕媭一通，等樊哙被押解回来后，便下令将他释放了。陈平也得以逃过一劫。

要说吕太后平生最忌恨的，莫过于深受高祖宠爱的戚姬。高祖在世时，吕太后动不了戚姬；如今高祖驾崩，整个宫中都掌握在吕太后的手里，她自然不会放过戚姬。吕太后命人拔去戚姬的头发，将她赶到永巷中圈禁起来，服舂米的劳役。

之后，吕太后又数次派人去赵国传召赵王刘如意，但每次都被赵相周昌阻止了。周昌曾保护太子有功，吕太后也不好对他做什么，思来想去，干脆一纸调令，把周昌调了回来。失去周昌的庇护，吕太后再次派人传召，赵王刘如意只得乖乖应命。

惠帝虽是吕太后的儿子，但性情宽厚仁慈，他知道，赵王若是来了，太后肯定不会放过他。为了保护赵王，惠帝亲自将赵王迎来自己的宫中，日日与他同吃同住，让吕太后没有下手的机会。但可惜，百密也有一疏。惠帝元年（前194）十二月，赵王还是被害死了。惠帝十分伤心，用王礼为其殓葬，谥为隐王。

没过多久，吕太后突然派一名太监来带惠帝看"人彘"。惠帝不明所以，跟着太监来到永巷的一间厕所，只见里头有一个没有手脚的人身似在抽动，两个眼眶黑洞洞的，没有眼珠，嘴巴张得很大，却发不出任何声音。这恐怖的一幕让惠帝大惊失色，追问之下才勉强从太监口中问出三个字："戚夫人。"

经这一番刺激，惠帝心灰意冷，只感了无生趣，竟什么都不愿再管了。

惠帝二年（前193）十月，高祖最大的儿子齐王刘肥入朝，吕太后又对他起了杀心。为了脱身，齐王主动上疏给吕太后，愿意把城阳郡献给吕太后之女鲁元公主。吕太后非常高兴，下诏褒奖了齐王，但仍旧不肯放他离开。于是，齐王和手下人想出一个办法，表示愿意尊鲁元公主为王太后，对其行母礼。吕太后这才松口，放齐王离开。

不久，萧何病逝，吕太后按照当初高祖的交代，让曹参接替了他的职务。曹参上任之后，众人都以为会有一番大动作，但没想到，他

心狠手辣的吕后

只差人贴了一张公文，说一切都按照萧何制定的条规执行即可。之后，曹参便日夜贪杯，不理政务。有时手下人办事出了纰漏，他不仅不追究，甚至还会替他们遮掩。

惠帝听说曹参的事情后，感到非常奇怪，拿不准他是不是故意用这种方式讽刺自己。然而，面对惠帝的质询，曹参却说道："从前高皇帝与萧相国平定天下，明定法令，都已初具规模，如今只要朝堂上下奉公守法，遵循勿失，就已经算是继承前人了，难不成还想更胜一筹？"

之后，曹参仍旧像从前一样行事。朝廷井然有序，官府不增加徭役赋税，百姓过得也算是安居乐业。

匈奴的冒顿单于自从与汉朝和亲以后，消停了数年，直到听说高祖驾崩，吕太后专权，便有了些许意动。于是，冒顿在国书上写了几句戏谑的词句，派人送去长安。

　　其时，惠帝纵情酒色，不理朝政，一切都交给吕太后管理，这封国书自然就送到了吕太后手上。吕太后看完信之后勃然大怒，立即召集群臣，商量发兵攻打匈奴的事情。一开始众臣都义愤填膺，但回想到当初高祖亲征，却被匈奴困在平城的事情，一个个都心有余悸，就连吕太后的一腔怒火都被吓跑了。于是，吕太后只得强忍怒气，让人写了一封回信，还附赠许多车马作为礼物。冒顿收到这些"赏赐"，也愿意给吕太后面子，解释说自己是因为不了解中国礼仪，所以才有此冒犯，然后又献上许多马匹，再次请求和亲。吕太后便又从宗室中挑了一名女子以公主之名与之和亲。

> **蔡公曰** 有史以来之女祸，在汉以前，莫如褒妲。褒妲第以妖媚闻，而惨毒尚不见于史。自吕雉出而淫悍之性，得未曾有。鸩死赵王，惨害戚夫人，虽未始非戚氏母子之自取，而忍心辣手，旷古未闻甚矣，悍妇之毒逾蛇蝎也。惠帝仁有余而智不足，既不能保全少弟，复不能几谏母后，徒为是惊忧成疾，夭折天年，其情可悯，其咎难辞，敝笱之刺，宁能免乎！

刘家天下还是吕家天下

惠帝罗织了一些罪名将审食其抓捕入狱，吕太后非常着急。

审食其被拘禁后，便秘密派人向朱建求助。朱建曾是淮南王英布的门客，在英布造反时极力劝阻。高祖听说这件事后，便将他召入长安，赐号平原君。审食其当初非常仰慕朱建的名声，想与他交好，但朱建没有答应。直到后来，朱建母亲病死，无钱下葬，审食其让人送去一百金，两人因此有了往来。

接到审食其的求救后，朱建见了一个叫闳孺的小臣。闳孺是惠帝豢养的男宠，深得惠帝宠爱。

朱建见到闳孺后，对他说："外面的人都在说，辟阳侯之所以会被下狱，都是因为你在皇上面前说了他的坏话。"

闳孺十分惊讶，说道："怎么会呢？我与辟阳侯无冤无仇，怎会无故害他？"

朱建说道："悠悠众口，但既然你有嫌疑，那么无论真相如何，只要辟阳侯一死，你恐怕也逃不了了！"

闳孺惊得目瞪口呆，完全不明白这和自己有什么关系。

朱建又说道："人人都知惠帝宠爱你，太后宠爱辟阳侯。如今太后

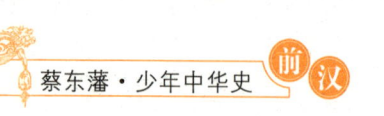

掌权，辟阳侯若是死了，太后必然会让你死。说到底，这是他们母子在相互较劲，你和辟阳侯就是替死鬼啊！"

闳孺这回真急了，连忙问朱建："那我该如何是好呢？"

朱建答道："若是你能保下辟阳侯，让皇上放了他，太后心中必定感激你，这样你不就能得到二主的欢心了吗？"

闳孺点头答应了。第二天，惠帝就下旨释放了审食其。审食其出狱后一打听，才知是朱建帮了自己，心中对他更为感激。

经此一事，吕太后觉得，得赶紧想办法，把惠帝迁去别处居住。这个办法，就是让惠帝成婚。

惠帝即位的时候是十七岁，如今已经过了三年，却还未立后。这是因为吕太后看中的皇后人选是鲁元公主的女儿，但她年纪太小了，所以才一直压着不让惠帝立后。如今这外孙女刚过十岁，但为了自己的好日子，吕太后还是迫不及待地让惠帝举行了立后大典，让惠帝娶了小自己十岁的外甥女。

原本吕太后和惠帝都居住在长乐宫，但这次立后大典，吕太后特意吩咐人在未央宫举办。未央宫与长乐宫之间相隔数里，实际上就是吕太后变相地把惠帝"赶"走。

惠帝自然明白吕太后的意思，反而来得更勤了，甚至还下令修了一条方便銮驾出入的复道，将长乐宫和未央宫连接起来。吕太后无法阻止惠帝，只好更加小心行事。

惠帝六年（前189），相国曹参病逝，吕太后按照高祖遗言，任用陈平和王陵为左、右丞相，周勃为太尉，废除相国名号。不久，留侯张良也去世了。吕太后感念张良的功劳，封其次子为侍中。紧接着，舞阳侯樊哙离世，其子樊伉承袭爵位。

惠帝七年（前188）秋，惠帝一病不起，在未央宫驾崩，年仅二十四岁。吕太后为继续把持朝政，暗地里抱来一个婴孩，称是皇后张氏所生，然后将这婴孩立为太子。为绝后患，吕太后又命人将婴孩的生母杀死。之后，假太子登基，为少帝，吕太后临朝听政。

高祖离世前曾留下遗言，非刘氏不可封王。但吕太后掌权之后，便想封吕氏族人为王。为了减小阻力，吕太后先是特封了先朝旧臣郎中令冯无择等为列侯，又从这些人的儿子中选出五人充作惠帝的儿子，赐姓刘并封王封侯，即淮阳王刘彊、恒山王刘不疑、襄城侯刘山、轵侯刘朝和壶关侯刘武。这时，鲁元公主病逝，吕太后便封其子张偃为鲁王，谥公主为鲁元太后。

做完这些铺垫，吕太后开始封吕氏族人为王了。朝中大臣虽然不满，但形势所迫，也不得不顺从。吕太后又担心刘、吕不和，便打算亲上加亲，将吕家的两个女儿分别嫁给赵王刘友和梁王刘恢为妻。

这时候，少帝已经做了三四年的傀儡，开始懂事了。他得知生母死在吕太后手中之后，便对她生出怨恨，甚至说出："待我成年后，必定会为母亲报仇！"

吕太后听说这事，勃然大怒，直接让人囚禁少帝，对外则宣称少帝多病，没有能力治理天下，让大臣们商议改立君主。最终，在吕太后的指示下，群臣推举恒山王刘不疑的弟弟刘义（原名刘山）为新帝，并改名为刘弘。有了刘弘这个新的少帝，囚禁在永巷中的少帝自然就被吕后处理了。

之前，吕太后为了将吕、刘两家绑在一起，把吕氏女嫁给了赵王刘友和梁王刘恢。然而，这两场婚姻并没能化解吕、刘两家的矛盾，反而让两家的仇结得更深。

吕太后势大，嫁入刘家的吕女趾高气昂，甚至仗着吕太后的势力，对丈夫多有欺辱。比如，赵王刘友和妻子就多次反目，结果赵王妻竟直接跑到吕太后面前诬告赵王谋反。吕太后信以为真，二话不说就把赵王抓了起来，囚禁到密室中活活饿死。

梁王刘恢性情懦弱，娶了吕氏女之后同样常常被欺侮。赵王死后，吕太后便改封刘恢为赵王，让他从梁地迁居到赵地。赵地的官吏多半是吕氏，刘恢去了赵地，更是处处受制，手里没有一点儿实权。那位吕氏女更加嚣张，竟直接毒死了他宠爱的姬妾。刘恢自觉前途灰暗，

刘家天下还是吕家天下

了无生趣,最终服毒自尽。

吕太后专制八年,刘家天下几乎变作吕家天下。少帝虽然名义上是天下之主,实际上却犹如吕太后手中的傀儡,根本没有参与政事的权利与机会。此时,有一位刘家子孙,正在暗中等待时机,要做一番惊天动地的大事。

> **蔡公曰** 吕雉若不为刘家妇,如何得为皇后,如何得为皇太后!富贵皆出自夫家,奈何遽忘刘氏,徒欲尊宠诸吕乎?当其媾婚刘吕之时,尚不过欲母家子侄,同享荣华,非必欲遽倾刘氏也。然古人有言,物莫能两大,刘吕并权,势必相倾,彼吕氏两女,犹弃其夫而不顾,况产禄乎?

吕氏一族的惨淡收场

吕氏强悍，刘氏衰落，高祖的子孙们人人自危。但有一位刘家子孙，却一直暗中筹谋，想要重振汉家龙脉，他就是朱虚侯刘章。

刘章少年英才，仪容俊美，被吕太后安排在宫中做侍卫。他娶了赵王吕禄的女儿为妻，但和其他两位娶吕氏女的王不同，他和妻子十分恩爱，吕太后和吕禄对他也颇为厚待。

一次，刘章在宫中当值，吕后宴请宗族亲戚，便让他负责维持酒席秩序。刘章叹道："臣乃将门之后，既然要维持秩序，还请太后同意我以军法行事。"

听到这话，吕太后只以为刘章是在说笑，便随口答应下来。

酒过数巡，众人都醉意熏熏。这时，一个吕氏子弟因为不胜酒力，想要偷偷离席，被刘章碰个正着。刘章大喝一声："你敢逃席，这是藐视军法！"

说罢，刘章手起剑落，直接斩杀了这名吕氏子弟。吕太后虽然心中恼怒，但因此前已经允许刘章军法行事，也不好再说什么。刘氏子弟和众大臣见刘章如此行事，心中暗自欢喜，期望他能力挽狂澜。

陈平自从奉诏抓捕过樊哙之后，就被吕媭记恨上了，常常在吕太

吕氏一族的惨淡收场

后面前说他的坏话。为了自保，陈平故意做出沉迷酒色的样子，凡事都向吕太后禀报，从来不敢擅自做主，这才得以保全自身。朝中很多大臣其实与陈平一样，虽然表现得十分驯服麻木，但心中都对吕氏一族深恶痛绝，一直暗中谋划削弱吕氏，重整刘氏天下。

三月上旬，吕太后按照惯例前往渭水祭祀神灵，回程途中，突然看到一个形状似狗的动物朝她扑来，咬了她一口。吕太后顿觉疼痛难忍，失声惊叫起来。但奇怪的是，除了吕太后之外，竟没有任何人看到这个动物。

回宫之后，吕太后发现，被咬的地方已经一片青肿，且无论用什么方法都不能减轻疼痛。夏尽秋来，吕太后一直深受病痛折磨，自知命不久矣，便召来吕禄和吕产，让他们分别管理北军和南军，并嘱咐道："你们被封王，众臣并不服，待我死后，你们便领兵护卫皇宫，即使是我出葬的时候，也不可离开皇宫。"

过了几天，吕太后便在未央宫病死了，留下遗诏：封吕产为相国，审食其为太傅，吕禄之女为皇后。陈平等人有心消灭吕氏，但吕禄和吕产一直谨遵吕太后遗言，盘踞宫廷内外，根本不给他们下手的机会。

刘章见朝内大臣无力锄奸，便派人前往齐国，请齐王刘襄发兵，并承诺只要诛灭吕氏，便尊刘襄为帝。当时，距离齐地最近的是琅玡、济川和鲁三国，其中济川王刘太和鲁王张偃都是吕氏私党，唯独琅玡王刘泽和吕氏一族不亲近。于是，齐王便派人前往琅玡，相约刘泽一同起事。

消息传到长安，吕产和吕禄都非常着急。此时，陈平和周勃也在暗自行动。他们知道郦商父子与吕产和吕禄颇有交情，于是便扣下郦商，让其子郦寄从吕禄手中骗取将印，从而控制北军。

　　随后，周勃又拨出一千人给刘章，让其入宫保护少帝。虽然此时南军还在吕产手中，但吕产这人既没有智慧，平时对手下士兵也没有恩德，甚至还没做出抵抗，就被刘章打得溃不成军，吕产也死在士兵剑下。吕产死后，吕氏一族就失去了自保之力，被陈平和周勃尽数扫清。

吕氏一族的惨淡收场

吕氏一除,接下来自然就是拥立新帝的事情。陈平和周勃等人说道:"吕太后立的少帝,以及济川、淮阳、恒山三王,实际上都不是惠帝的后人。如今吕氏一族已被铲除,要是还继续拥立他姓为王,必然后患无穷,倒不如在刘氏诸王中选择一个贤能的人来做皇帝。"

众人都赞同这个提议,经过一番商议,决定迎代王刘恒入京,拥立他为新帝。之所以选择代工,主要有两方面的原因.一是高祖的儿子中只剩下两个王,而代王年纪比较大,名声也比较好;二是代王母亲薄氏没有什么势力,从来没有参与过政事,不存在外戚干政的隐患。

就这样,代王刘恒在众臣的拥立下登基为帝,是为文帝。文帝登位后,尊其母薄氏为皇太后,追谥刘友为幽王,刘恢为共王,刘建为灵王。这三王中,只有幽王刘友留下两个儿子,长子刘遂被文帝册封为赵王,琅玡王刘泽被改封为燕王。

> **蔡公曰** 以号称智勇之平勃,且受制于垂死之妇人,智何足道!勇何足言!微刘章之密召齐王,则外变不生,内谋曷逞,吕产吕禄,蟠踞宫廷,复刘氏如反掌,试问其何术安刘乎?后此之得诛诸吕,实为平勃一时之侥幸,必谓其有安刘之效果,克践前言,其固不能无愧也夫。

文帝与张释之

文帝登位后，便立即派人前往代地将母亲薄氏迎到京中，随同而来的还有他的继室窦氏。

窦氏本是赵地观津人，有两个兄弟：兄长名叫窦建，字长君；弟弟名叫窦广国，字少君。他们早年丧失父母，又遭遇战乱，日子过得十分艰辛。当时，恰好遇到汉宫采选秀女，窦氏便去参选，从而得以进入宫中服侍吕太后。

不久，吕太后挑选了一些宫人分赐给众王，窦氏就在其中。因为祖籍在观津，所以窦氏便请求主管太监将她送去赵国。这事主管太监原本已经应下，但不知什么原因，在分配时竟未想起，于是就把窦氏分去代国。等窦氏知道这事的时候，一切都已经尘埃落定。

去了代国之后，窦氏有幸得到代王赏识，不久便生下一女，取名刘嫖，之后又陆续诞下二子，分别取名刘启和刘武。那时候，代王已经有四个儿子了，皆是王妃所出。

因此，窦氏非常安分，对王妃十分尊敬，从来没有非分之想。后来，代王妃病逝，窦氏成为代王宫隐形的女主人。代王入都为帝后，前王妃留下的四个儿子接连夭折。就这样，窦氏的两个儿子得以崭露头角。

文帝元年（前179），皇子刘启被册封为太子，其生母窦氏顺理成章地被册立为皇后，刘嫖受封馆陶公主，刘武受封淮阳王。此外，薄氏一族和窦氏一族都得到了相应的封赏。

窦后的两个兄弟与她分别已有十余年，如今终于得以重逢。文帝对兄弟二人赏赐了不少田宅，让他们能够在京中安家立业。周勃等人担心窦氏兄弟将来可能会倚仗皇后干预朝政，便上奏文帝，选择那些正直的人与其结交。在这些人的影响下，窦氏兄弟一直谦恭有礼、进退有度。文帝为了避免吕氏悲剧重演，并没有给他们兄弟封爵。后来，景帝即位，尊窦氏为皇太后，窦氏兄弟才得到加封。

文帝励精图治，施行仁政。在他的治理下，海内大定，天下太平，有功之臣都得到了封赏。

一次，文帝在临朝时突然问右丞相周勃："这天下在一年间大约发生了多少起案件？"周勃答不出。

文帝又问："那每年能收入多少谷物？"周勃还是答不出。

文帝又转而去问陈平，陈平急中生智，答道："这两件事都有专门的人负责。"

文帝问："都是谁在负责？"

陈平答："负责牢狱之事的，是廷尉；负责谷物之事的，是治粟内史。"

文帝大怒，质问道："那你是负责管什么的？"

陈平说道："身为宰相，上应辅佐天子，下应抚慰万民，对外要镇四夷诸侯，对内则让卿大夫各尽其职。"

文帝这才点头应是。

退朝之后，周勃觉得与陈平相比，自己的表现实在相形见绌，心中生出辞官的想法。正好这个时候，有人告诫周勃："你诛灭吕氏，扶立新帝，威震天下。所谓功高遭忌，再不离开，恐怕要大祸临头了！"

不久，周勃便主动辞去丞相之位。

南越王赵佗在高祖时期曾臣服于汉朝，吕后四年时，赵佗背离汉朝，自称南越武帝。文帝登位后，见四方臣服，唯独赵佗不肯归降，便决定用怀柔手段对付他，让人每年祭拜他的父母，优待他的亲族，然后又派遣使臣前往南越招降。文帝的举动让赵佗十分感动，当即就许诺愿意归附汉朝，永为藩臣。

周勃辞去相位不久，便再次被文帝起用，因为这时候陈平病逝了。

当时有一个少年英才名叫贾谊，年仅弱冠就被文帝召为博士，每次议政都能给出精彩的意见，仅一年就升迁为大中大夫。文帝本想升任贾谊为公卿，但朝中不少老臣因心怀妒忌而在文帝面前说贾谊的坏话。最终，文帝改变主意，把贾谊遣去做了长沙王太傅。当初灭吕氏一族时，刘章和刘兴居都立了大功，周勃与二人私下约定，必会为二人请封王。然而，在文帝即位之后，周勃却没有兑现承诺，反而自己把功劳全占了，刘章和刘兴居也因此与他有了嫌隙。加之周勃这人确实生性好妒，与很多大臣关系不好，因此文帝免去了周勃的丞相一职，提拔灌婴做了丞相。

一次，文帝带着侍臣到上林苑观景，走到虎圈时，见里头驯养着许多禽兽，便问上林尉："这里共有多少禽兽？"

上林尉答不出，紧张得冷汗直冒。这时，一旁监守虎圈的啬夫从容不迫地回答出文帝的问题。

文帝与张释之

文帝十分高兴，当即就令从官张释之封啬夫为上林令。结果，张释之却仿佛没听到一般，没有半点儿反应。文帝很奇怪，又重复了一遍，张释之便问道："陛下认为绛侯周勃和东阳侯张相如人品怎么样？"

文帝说："都是性情忠厚之人。"

张释之说："此二人，向来不善言辞，比不上啬夫一张利嘴。秦始皇时期的官吏，喜欢用烦琐苛刻来显示精明。后来这个劣习被保留下来，人人都擅长辩论，用一张利嘴为自己犯下的错误开脱，闹得乌烟瘴气。如今陛下因为啬夫口才好，便想让他升迁，恐会步秦朝后尘！"

听完张释之的话，文帝不再提要加封啬夫的事情，转而将张释之加封为宫车令。

不久，梁王入朝，和太子刘启一同乘车入宫，行到司马门时却没有下车。张释之看到后，立刻上前阻拦，并将此事直接奏报给文帝。

皇宫中，司马门是非常重要的，因此汉初便定有禁令，除了天子之外，任何人经过司马门的时候，都必须下车。

张释之认为，太子和梁王不可能不知道这条禁令，现在分明是明知故犯，应当受到严惩。虽然文帝最终并未真的惩治两个儿子，但对张释之更加欣赏，赞他刚正不阿，不久便提升他做了中郎将。

还有一次，文帝带宠妃慎夫人出游霸陵，张释之随同左右。霸陵是文帝为自己百年之后选择的长眠之所，依山傍水，风景优美，向东望去便是邯郸要道。慎夫人是邯郸人，见此情景，不免生出思乡情怀，便弹瑟一曲，甚为悲切。

文帝心中不免慨然，对左右道："待我百年之后，若能用北山石做外棺，以纻絮杂漆涂封，就不怕任何人撼动了。"

左右听了都一一应是，张释之却说道："臣认为，若皇陵中藏有珍宝，那么无论如何坚固，都会被人垂涎破坏。若是没有任何珍宝，那么即使没有坚固的外棺，也不用担心有人破坏！"

文帝点头称是，觉得张释之说得很有道理，不久又下令封他为廷尉。张释之没有让文帝失望，他为官清廉正直，在京中颇有威望。

> 蔡公曰
>
> 有薄太后之为姑，复有窦皇后之为妇，两人境遇不同，而其悲欢离合之情迹，则如出一辙，可谓姑妇之间，无独有偶者矣。语有之：塞翁失马，安知非福，两后亦如是耳。

淮南王之死

张释之能够顺利升迁，除了他确实有能力外，还要感谢一位"贵人"，那就是前任中郎将袁盎。

袁盎和张释之一样，也是个非常正直敢言的人。一次，文帝想要让自己特别宠信的宦官赵谈和自己乘坐一辆车，结果被袁盎站出来阻止了。袁盎说："臣听闻能够与天子共乘一车的，都是天下豪俊。我朝如今哪怕再缺乏人才，陛下也不能与一个太监同乘一车吧！"文帝只好让赵谈下车。

还有一次，文帝携窦太后和慎夫人同游上林。入席时，袁盎见慎夫人的座位竟被安排在窦后身边，便站出来阻止，让慎夫人退坐下首。最终，宴席不欢而散。事后，袁盎对文帝说道："臣听闻尊卑有序，才能上下和睦。皇后是六宫之主，慎夫人是妾，怎能和皇后平起平坐呢？若陛下让其骄恣妄为，那不是爱她，而是害她。前例就在眼前，陛下可还记得'人彘'？"文帝这才恍然大悟，怒气全消。

不久，淮南王刘长入朝求见，文帝就这一个弟弟，自然对他多有包容。但没想到，刘长却闯出了一场大祸。

刘长是高祖的第五子，生母是赵王张敖宫中的赵姬。当初高祖讨伐韩王信时路过赵地，张敖便让赵姬前去侍奉，一宵云雨，高祖撇下赵姬就离开了。没想到，赵姬却怀了身孕，张敖也不敢怠慢，便特意在别处修了一座宫殿给赵姬居住。

后来，张敖因被贯高等人谋反的事情牵连，连同家眷被抓捕下狱，赵姬也被囚禁起来。那时候，赵姬已临近分娩，便托弟弟求见辟阳侯审食其，求他将此事上报给高祖。审食其和赵姬的弟弟有几分交情，于是便答应下来，进宫将此事告知吕后。吕后本就忌恨高祖风流，如今又怎肯帮赵姬，便将审食其痛骂一顿。这样一来，审食其自然不敢提此事。

那时候，赵姬已经生下一个男孩，本一心盼着高祖能来解救自己，没想到，只等来愁眉苦脸的弟弟。赵姬心中悲痛，竟一时想不开寻了短见。

后来，张敖被赦，将赵姬的儿子送去都城。高祖听说此事，心中甚是感叹，将孩子交给吕后抚养，并一再叮嘱吕后善待孩子，这个孩子就是刘长。刘长头脑聪明，又擅长察言观色，讨得吕后欢心，因此才得以存活下来。

被封淮南王之后，刘长才知道自己的身世。他认为，如果当初不是审食其不肯帮忙上禀，赵姬就不会死在狱中，故而恨上了审食其，日日想着要杀死他为母亲报仇。

文帝即位后，审食其失势，刘长趁此机会以入朝参拜的名义来到长安。此时刘长已经二十多岁，身强力壮，胆子也大得很。他发现文帝待他十分亲厚宽容，心中非常欣喜，觉得自己即使杀掉审食其，文帝也不会给他定重罪。

刘长还真的把审食其杀了，砍下他的头颅，然后直接入宫请罪。文帝本就不喜审食其，听刘长说完原委之后，认为他为母报仇也是情有可原，便没有追究他的罪过，反而追究起审食其的私党来。

袁盎得知此事后，便入宫进谏道："淮南王私自杀死审食其，陛下却置之不理，待他回国之后，恐怕会更加骄纵，罔顾法纪啊！"

然而，文帝并未应答，显然仍旧不打算问罪淮南王。

果然，如袁盎所说的那样，刘长回到封地之后，倚仗文帝的宠爱，变得更加骄恣妄为，无法无天。后来，甚至还勾结棘蒲侯柴武之子柴奇共谋造反。只是还没开始动作，消息就泄露出去，他被文帝派人召入京中。

虽然谋反的事情被证明属实，但文帝仍旧不忍心处死刘长，只是削了他的爵位，并将其一家流放到蜀郡严道县邛邮。除了刘长之外，其他参与谋反的人尽数被诛杀。

对此，袁盎再次进谏道："淮南王之所以走到今天，是因为陛下对他太过纵容，又不为他设置贤相。他生性刚烈，突然落到这样的境地，心中必定不能接受。若是再发生变故，恐怕陛下就要白白担负恶名了！"

文帝却道："朕只是想让他吃些苦头，待他悔改之后，自然就能回国了。"

然而，文帝没有想到的是，正如袁盎所说，刘长被废后根本无法接受这个事实。走到半路，他对手下说道："我并非不肯守法，而是从来不曾有人指出我的过错，如今后悔也晚了，不如就此自尽算了。"

淮南王之死

众人纷纷劝慰刘长,但他却始终无法面对现实,最后竟水米不沾,将自己活活饿死。文帝收到刘长的死讯,不禁失声痛哭,后悔自己没有听袁盎的话。最终,文帝处死了所有负责护送刘长的官吏和送饭的下属,以列侯之礼安葬了刘长。

蔡公曰 审食其可诛而不诛,文帝之失刑,莫逾于此。及淮南王刘长入都,借朝觐之名,椎击食其,实为快心之举。但如长之擅杀大臣,究不得为无罪,贷死可也,仍使回国不可也。况长之骄恣,已见一斑,乘此罪而裁制之,则彼自无从谋反,当可曲为保全。昔郑庄克段于鄢,公羊子谓其处心积虑,乃成于杀。文帝虽不若郑庄之阴刻,然从表面上观之,毋乃与郑主之所为,相去无几耶!况于重厚少文之周勃,常疑忌之,于骄横不法之刘长,独纵容之,昵其所亲,而疑其所疏,谓为无私也得乎!甚矣,私心之不易化也!

朝堂上的迷信风潮

文帝十四年（前166）冬，匈奴大举来犯，文帝令中尉周舍和郎中令张武为将军，出兵渭北；又让昌侯卢卿为上郡将军，宁侯魏遬为北地将军，隆虑侯周灶为陇西将军，兵分三路前往边疆。原本文帝打算御驾亲征，但在群臣和薄太后的极力劝阻下未能成行，改封东阳侯张相如为大将军，率建成侯董赤和内史栾布攻打匈奴。

谁承想，张相如等人日夜兼程，抵达边境时，收到消息的匈奴早已拔营离开，现场连一匹胡马都没有看到。无奈之下，张相如只得率兵返回。

自文帝即位以来，十四五年间，除了匈奴入侵和济北爆发的一场叛乱之外，天下太平，没出什么大事。加之文帝降租减税，勤政爱民，百姓们一直安居乐业，生活颇为不错。

文帝和太后薄氏都信奉老子无为的宗旨，因此，总有一些搞旁门左道的人想借此讨好文帝，以求富贵荣宠。鲁人公孙臣就是如此。

公孙臣上疏文帝，称秦得水德，汉在秦后，当为土德，而土是黄色的，所以不久，必定会有黄龙出现。他提议，把衣服改成黄色，顺应天命。结果，在文帝十五年（前165）的春天，陇西出现传闻，说有黄龙出现，地方官吏虽然没有亲眼看到，但还是把这个传闻奏报上去。文帝十分欣喜，认为公孙臣有预知未来的能力，便将他召为博士，甚为宠信。

赵国有一个叫新垣平的人，特别擅长骗人，听说公孙臣的事情后，便也跑去长安求见文帝。一见到文帝，新垣平便胡诌道："臣望气而来，愿陛下万岁！"

文帝十分惊讶，问道："什么气？"

新垣平说道："长安东北角有五彩神气氤氲，臣听闻东北乃是神明所居之地，如今五彩汇聚，说明五帝就在那里。陛下应就地立庙，感谢上天对大汉的庇佑！"

文帝本就笃信鬼神，自是不会怀疑新垣平的话，便将他留在宫中，让他负责修建庙宇、供奉五帝的事情。

庙宇建成后，文帝按照惯例前往渭阳五帝庙祭祀，新垣平也随行左右。看到祭祀时燋火燃烧升腾的烟雾，新垣平便指着告诉文帝，这就是瑞气。文帝听了十分高兴，祭祀完毕就下旨封新垣平做了上大夫。

在新垣平的哄骗下，文帝四处修建祠堂庙宇，直到后来有人状告新垣平，说他欺君罔上，装神弄鬼，文帝才幡然醒悟，将其交由廷尉张释之审问。

文帝虽然不再相信新垣平，但对鬼神玄妙之事依旧是十分相信的。一次，文帝做了一个梦，梦见自己腾空而起，直飞天界，但又因气力不够而即将下坠。就在这千钧一发之际，突然出现一个黄头郎，用力一推，将文帝推上天界。文帝回头想看看这个黄头郎的样貌，但可惜只瞧见一个背影，衣服上似乎还破了一个洞。

黄头郎就是御船水手，因为戴着黄帽，所以才有这样的称呼。文帝醒来后，一直忘不了这个梦。第二天，他便让人召来所有的黄头郎，想要找到梦中的那个人。

最后被文帝"认出"的梦中人名叫邓通，蜀郡南安人。文帝认定他就是梦里那个帮自己登天的人，于是便提拔他做了自己的侍臣。邓通虽然没有什么才能，但对文帝十分顺从，深得文帝欢心，不过两三年，就已经做到大中大夫。

丞相申屠嘉性情刚正，嫉恶如仇，一直看不上邓通。一次，申屠嘉凑巧抓到邓通的错处，便打算将他召去相府惩戒一通。邓通非常害怕，向文帝求救。文帝便让邓通先去相府，之后再找人把他叫回来。

朝堂上的迷信风潮

邓通到了相府，果然被申屠嘉一番整治，险些被推出斩首。幸好文帝使臣及时来到，才保住邓通一条命。文帝十分无奈，他虽依然宠爱邓通，但也告诫他日后谨言慎行，不要再冲撞丞相。

汉朝有很多有名的相士，预测吉凶十分灵验。一次，文帝召来一个相士，给邓通看相。相士见到邓通之后，竟断言他将来会因贫穷而饿死。文帝听了感到十分愤怒，斥退相士之后便立即下旨，把蜀郡的严道铜山赏赐给了邓通，允许他自己铸钱，大有非得让他富可敌国的架势。

邓通对文帝的厚爱十分感激，服侍起来更加尽心尽力。那时候，文帝身上长了一个毒疮，邓通便经常用嘴将毒疮中的脓血吸出，以减轻文帝的痛苦。

一天，邓通照例帮文帝吸出脓血，文帝心有所感，突然问道："你觉得这天底下，谁是最爱朕的人呢？"

邓通不假思索地答道："必然是太子，在这人世间，最亲近的莫过于父子。"

第二天，太子入宫探病，文帝突然对太子说道："你来帮朕将脓血吸去。"

太子不敢违抗文帝的命令，忍着恶心吸了一口，面色十分难看。文帝不免有些失望，挥退了太子。有了太子的反应做对比，文帝更加宠爱邓通了。太子回到东宫之后，命人一打听，才知道事情原委，暗暗忌恨上了邓通。

当初高祖册封吴王刘濞时，就曾说他生有反相。如今，刘濞镇守东南多年，势力非常强大，文帝在位十余年，他竟一次都不曾入朝觐见。唯有一次，刘濞派遣儿子刘贤入朝，还因与太子发生争执而死在太子手上，从此刘濞对文帝更为怨恨。文帝本想召刘濞入京，当面与其化解仇恨，但刘濞始终不肯应召。

虽然吴王对皇室心存芥蒂，但文帝在位期间，吴王一直没有造反。这是因为，一方面，文帝对吴王采取怀柔政策，不仅没有因他不入朝而问罪，反而让人传话，说他年纪大了，可以免朝；另一方面，则是多亏了袁盎从旁相劝。袁盎本是中郎将，因为多次直谏，让文帝倍感心烦，就把他外放了。后来，袁盎做了吴相，一直从旁劝导，让吴王不要造反。

文帝后元六年（前158）冬天，匈奴再次进犯，文帝调出三路兵马前去镇守，然后又令河内太守周亚夫驻兵细柳，宗正刘礼驻兵霸上，祝兹侯徐厉驻兵棘门。为增强士气，文帝亲自慰问士兵。在霸上和棘门时，文帝没有通报，就直接进入军营。唯独在细柳，文帝的车架被营兵阻拦，并称军中只听将军命令，不经通报，任何人不得入内。

回宫之后，文帝对周亚夫称颂不已。

周亚夫是绛侯周勃的二子，据说曾有一名擅长相面的许妇为周亚夫看相，称周亚夫日后定能封侯入相，但结局却是饿死，实在令人惊奇。

不久，文帝忽染重病，安排后事时嘱咐太子说："周亚夫治军严明，有大将之风。将来如果有什么动乱，可以让他掌管兵权，交付信任。"

六月，文帝驾崩，享年四十六岁，太子刘启即位，是为景帝。

朝堂上的迷信风潮

蔡公曰 公孙臣干进于先,新垣平售欺于后,文帝几堕入迷团,复因片语之上陈,举新垣平而诛夷之,是文帝之能改过,即文帝之能全仁也。厥后因登天之幻梦,授水手以高官,滥予名器,不为无咎。然重丞相而轻幸臣,卒使邓通之应召,使得示惩,此亦未始因过见仁之一端也。史称文帝为仁君,其尚非过誉之论乎!

一场削藩引发的七国之乱

景帝登基后,廷尉张释之非常忧心,因为在景帝还是太子时,他曾举报过太子和梁王过司马门不下车的事情,担心景帝记恨于他。后来,在老隐士王生的建议下,张释之当面向景帝认罪。景帝并没有责备他,反而赞他刚正守法,但之后还是找机会将张释之迁调出京,让他做了淮南相。

次年,太皇太后薄氏去世。薄太后曾将侄孙女送入东宫,但她并不得景帝宠爱,只是碍于亲戚关系,景帝不得不立她为后。

中大夫晁错曾为太子家臣,景帝登基后便封他做了内史,对他言听计从。朝中大臣们多半不喜欢晁错,尤其是丞相申屠嘉。

一次,晁错为图方便,竟私自在内史官署的正门旁开了一扇小门,穿过太上皇庙的短墙。申屠嘉因此打算弹劾晁错,说他蔑视太上皇,按律当诛。结果,奏折还没送出,风声就走漏了,晁错连夜进宫央求景帝保住自己。

第二天,申屠嘉呈上弹劾奏折,可没想到,景帝为了维护晁错,竟说这件事是自己交代去做的。申屠嘉气愤不已,回到相府后就开始吐血,最终一病不起。申屠嘉死后,景帝升任御史大夫陶青为丞相,晁错为御史大夫。

此前说过，景帝在登基前因吸脓血的事情记恨邓通。登基之后，景帝便免了邓通大中大夫的官职。邓通不明所以，根本不知道自己得罪过景帝，还想活动一下，让自己官复原职。于是，景帝干脆直接下诏，将邓通关入狱中。折腾一通后，景帝抄没了邓通的家产。他出狱后只得四处乞讨，落了个饿死的下场。

有了景帝做靠山，晁错气焰越来越嚣张。他向景帝提出了削藩的建议，与景帝的想法可谓不谋而合。但这事却遭到詹事窦婴的反对。窦婴官职虽然不大，但却是窦太后的侄子，因此并不惧怕晁错，敢于和他力争。于是，景帝只好暂时搁置晁错削藩的建议。

景帝三年（前154）十月，梁王刘武入朝觐见，景帝为其设宴接风，母子三人共叙天伦，其乐融融。酒后，景帝一时忘情，竟对梁王说道："待朕千秋万岁之后，定将帝位传给你！"

听到这话，窦太后和刘武十分欣喜。但在这时，窦婴却站了出来，高声说道："这天下乃是高皇帝的天下，父子相传也是早有定例，陛下今日失言了，还请饮下这杯酒。"

窦婴的一番话让景帝顿时清醒过来，急忙接过酒一饮而尽，揭过此事。因为此举，窦婴得罪了梁王和窦太后。第二天，窦婴主动上疏请辞，被窦太后直接除去门籍，永远不准入宫觐见。

没了窦婴的阻挠，晁错又一次提出削藩的建议。恰好此时楚王刘戊入朝，刘戊是景帝的堂弟，高祖同父异母弟弟刘交的孙子。刘戊沉迷酒色，胸无大志，就连薄太后去世的时候，也在风流快活，毫不知礼。晁错得知此事，便以此为借口，在刘戊入朝时上奏弹劾。最终，

145

景帝削夺了楚国的东海郡，以示惩处。

削楚成功后，晁错又故技重施，抓住赵王和胶西王的把柄，相继削夺了赵王的常山郡和胶西王的六县。

三国接连被削，其他藩王人人自危。吴王刘濞与景帝本就有杀子之仇，如今景帝又想削减藩王势力，便起了造反的心思。随后，刘濞派人联络各国，得到楚、赵、胶西、胶东、菑川、济南六国的回应，七国一同起兵造反。景帝得知七国叛乱的消息后，心中惊惧不已，急忙召集群臣商议对策。这时，晁错竟提出让景帝御驾亲征的建议。景帝冷声问道："若朕亲征，那么都城怎么办？"

晁错想也不想就答道："臣愿留守都中！"

一场削藩引发的七国之乱

听到这话,景帝沉默不语,随即突然想起文帝离世前的嘱咐,心中陡然一亮,当即下令,升任周亚夫为太尉,率军征讨吴、楚。随后,景帝去见了窦婴,请他率兵前往平叛。窦婴又向景帝举荐了栾布和郦寄二人。

这时候,袁盎突然拜访窦婴,说自己有平乱妙计,于是窦婴将袁盎留在军中,并将此事奏报给了朝廷。

袁盎和晁错一直不和,当初因为晁错主张削藩,所以袁盎才辞去吴相之位。没想到,回朝之后,晁错却告发袁盎,说他私受吴王财物,致使他被景帝贬为平民。七国叛乱时,晁错又想借机重提旧案,诛杀袁盎,但未能成功。这一次,袁盎来见窦婴,实际上也是想借助窦婴的势力除掉晁错。

在窦婴的引荐下,袁盎顺利见到景帝。景帝问袁盎:"听说你有平乱妙计,不知是何计策?"

袁盎答道:"吴王有铜山铸钱、煮海为盐,却没有豪杰英雄,所招揽到的,不过是些无赖子弟、亡命之徒,不足为虑。而且,臣听闻,吴、楚联谋,常常有书信往来,信中数次提及,都是因为晁错主张削减王侯封地,危及刘氏江山,所以诸王才会联合起兵,为的就是诛杀晁错。如果陛下能将晁错处斩,赦免诸王,让他们各自归去,必然能化解这场战争!"

景帝觉得袁盎说得有道理,而且上次晁错提议让他亲征,着实令景帝感到不满。于是,景帝说道:"若是能免生灵涂炭,我自不会为晁错一人,就致使天下大乱。"随后,景帝果然暗中示意丞相陶青和廷尉张欧等人上疏弹劾晁错,并最终判处晁错腰斩之刑,其家属也全部被斩首。

事实上，袁盎对与吴、楚议和一事没有多少把握，但如今晁错已经被杀，他只得冒险一去。吴王对袁盎十分礼遇，尤其是在知道晁错已被诛杀的消息后，更加高兴了。但关于退兵一事，吴王却不肯同意，还将袁盎软禁起来，试图说服其投降，但袁盎不为所动，找到机会便逃了回来。

不过三月，周亚夫就已经顺利平定吴、楚两国，发兵助吴的东越国班师回朝。不久，汉将栾布和平阳侯曹襄前后夹击，一扫胶西、胶东与菑川三国联军。胶西王逃回高密后，不久就自杀了。胶东王、菑川王和济南王听说这一消息之后，全都心惊肉跳，知道敌不过汉军，相继自杀了。

就这样，七国已平定六国，唯独赵王刘遂还在邯郸坚守。他本想向匈奴求援，但匈奴知道吴、楚战败的消息后，就不肯发兵相助了。最终，郦寄和栾布二军合力攻破邯郸，赵王自尽，七国战乱终于落下帷幕。

> **蔡公曰**　申屠嘉虽称刚正，而性太躁急，不合为相。相道在力持大体，徒以严峻为事，非计也。观其檄召邓通，擅欲加诛，已不免失之鲁莽。幸而文帝仁柔，邓通庸劣，故不致嫁祸己身耳。彼景帝之宽，不逮文帝，晁错之狡，远过邓通，嘉欲以待邓通者待晁错，适见其惑也。呕血而死，得保首领，犹为申屠嘉之幸事欤？若邓通之不死嘉手，而终致饿毙，铜山无济，愈富愈穷，彼之热衷富贵者，不知以通为鉴，尚营营逐逐，于朝市之间，果胡为者？

金屋藏娇

景帝的皇后薄氏不得宠爱，在宫中可以说是有名无实。尤其是在太皇太后去世后，薄后没了靠山，更是艰难，于汉景帝六年（前151）被废。景帝真正宠爱的女人是栗姬，长子刘荣就是栗姬所出。因为母亲得宠，薄后又无所出，所以刘荣很早就被立为储君。

馆陶长公主刘嫖是景帝的胞姐，与他关系非常亲近，许多想出头的美人会去奉承长公主，求她向景帝引荐自己。为了巴结皇帝弟弟，长公主也时常会向景帝进献美人。因为这事，栗姬心中一直不喜长公主。

长公主有个女儿叫阿娇，在刘荣被立为太子之后，她便想将阿娇许配给刘荣，可没想到，却被栗姬一口回绝。长公主也由此与栗姬结怨。

在景帝后宫中，除了栗姬之外，还有一对姐妹花也深得景帝宠爱，姐姐名叫王姝儿，妹妹名叫王息姁。这对姐妹花的母亲臧儿是已故燕王臧荼的孙女，后嫁给王仲为妻，生下一子二女。王仲去世之后，臧儿便转嫁到长陵田家，又生下两个儿子，一个叫田蚡，一个叫田胜。

王姝儿长大后嫁给了金王孙，生下一个女儿。一次，王姝儿回娘家，恰好臧儿找来一个相士算命。相士一见王姝儿便大惊失色，说道："这是母仪天下之相啊！"

正巧那时朝廷正在选良家女子入宫，臧儿便将王姝儿送入宫中，逼迫金王孙同她离婚。王姝儿一入宫就被分配服侍太子，也就是还未即位的景帝。王姝儿长得漂亮，又会争宠，很快就得到太子的宠爱，受封为美人。之后，王美人又向太子引荐了妹妹王息姁。

王美人一连为景帝生下两个女儿后，才终于得一子刘彻。刘彻出生的时候，景帝已经有好几个儿子，受宠爱的栗姬更是为景帝连生三子。

长公主被栗姬拒绝后，王美人便趁机巴结长公主，并透露出愿意让儿子刘彻与长公主之女阿娇结亲的想法。两个女人一拍即合，当即就为两个孩子订立婚约。景帝得知此事后，觉得刘彻年纪太小，和阿娇差了好几岁，两人并不合适。

一天，长公主带着阿娇一同入宫，见到刘彻之后，便笑着问他："你想娶媳妇吗？"

刘彻年纪虽小，却十分聪慧，对着长公主嬉笑了一通。长公主便指着身旁的宫女，挨个儿问刘彻喜不喜欢，刘彻都摇头拒绝了。于是，长公主又指着阿娇问："那阿娇如何？"

刘彻笑道："若是能娶到阿娇，我定要将她藏到金屋里！"

长公主听罢喜笑颜开，将此事告知景帝。景帝一听，便觉得这或许是前生注定的缘分，便不再阻拦这门婚事。

薄后被废之后，景帝本想立栗姬为后，长公主得知后急忙入宫阻拦，对景帝说道："栗氏肚量狭窄，若是成为皇后，恐怕又将上演'人彘'的惨祸了！"

景帝心中一紧，便故意试探栗姬说："待朕百年之后，你一定要记得，善待宫中的姬妾。"

栗姬听到这话，脸色就沉了下来，当即转过身背对景帝，不肯应声。景帝顿时就想到长公主的话，彻底打消了立栗姬为后的想法。

之后，长公主每每与景帝谈心，都会夸赞王美人母子。渐渐地，景帝心中的天平越来越偏向王美人母子。而且，与栗姬相比，王美人显然更会做人，后宫众人对她多有赞誉。

为了再添一把火，王美人故意买通大行官，让他上奏，请求景帝将栗姬册立为后。景帝果然大怒，以为是栗姬在背后主使的，一气之下废除了刘荣的太子之位，并将栗姬打入冷宫。不久，景帝便将刘彻立为太子，王美人也得以登上后位。

梁王刘武是景帝的亲弟弟。景帝曾酒后失言，说自己百年之后要将皇位传给梁王。因此，太子刘荣被废的时候，梁王便去见了窦太后，想让窦太后订一条兄长传位给弟弟的约定。窦太后偏疼小儿子，特意设宴，将景帝叫来，对他讲道："我在这世间也没几年可活了，待百年之后，梁王可就托付给你了。"

一开始，景帝并未明白窦太后的深意，直到酒醒之后才想明白，太后是想让梁王接班啊！景帝心绪复杂，召集群臣商议此事。袁盎直接说道："不可，陛下难道不曾听过宋宣公的事情吗？宋宣公就是因为将皇位传给弟弟，才导致五世争国，祸乱不绝！"

景帝点头赞同，回头就把这话说给了窦太后。窦太后心中虽然不高兴，但也不好说什么。梁王又生一计，要求景帝赏赐他一些土地，

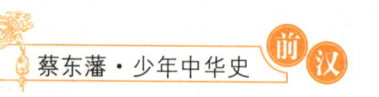

同样又是袁盎站出来反对。就这样，梁王恨上了袁盎。

前太子刘荣失去储君之位后不久，栗姬就在冷宫中去世了。刘荣心灰意冷，便离开皇宫去了自己的封地临江就职。

过了一年多，刘荣嫌王宫不够宽敞，便占了部分帝庙禁地修筑宫殿。结果，这事被人告发了，说他非法侵占宗庙之地。刘荣被召入京中问责。抵达京城之后，刘荣发现，负责审问自己的廷尉，竟是有名的酷吏中尉郅都。刘荣心中慌乱，又想到死去的母亲和弟弟，竟一时想不开，留下一封绝笔信后自杀了。

刘荣死后，他治地的百姓都很伤心。据说，他出葬时，竟飞来许多燕子，衔泥置于他的坟上。见此奇景的人无不惊叹，纷纷为他喊冤。

窦太后得知此事，心中非常难过，逼迫景帝将郅都斩首。景帝不好忤逆太后，但又舍不得杀郅都，便偷偷把他调去北方做了雁门太守，负责镇守边疆。但后来，这事还是被窦太后知道了。景帝无奈之下，只得传旨处死郅都。

就在这个时候，景帝竟收到消息，说太常袁盎在安陵门外被人杀死了，一同遇害的还有几个大臣。景帝一看就知道这事是梁王做的，因为此次遇害的大臣，都是之前不赞成梁王做储君的。但梁王是窦太后最宠爱的儿子，在查到梁王宠信的两个大臣公孙诡和羊胜之后，也就直接结案了。此事过后，景帝仍旧像从前一般厚待梁王。

七王之乱时，周亚夫曾立下汗马功劳，但他与皇后的兄弟王信、景帝的弟弟梁王都有过节，这些人还都是景帝身边亲近的人。他们日日在景帝面前说周亚夫的坏话，日子久了，景帝自然就对周亚夫起了疑心。

不久，匈奴部酋来了六人入关投降，其中一个姓卢的是叛王卢绾的孙子。景帝为了招降，便打算将这六人封侯，结果却遭到周亚夫的强烈反对。周亚夫直谏道："叛王的后代，怎配得到封赏？更何况，这六人都是叛徒，不忠不义，陛下您怎么能封赏这样的人呢？"

听到这话，景帝勃然大怒，周亚夫也知道自己是彻底遭到厌恶，第二天就称病辞官了。

梁王听说周亚夫辞官的消息，还以为是景帝为自己出头，便高高兴兴地乘车入京，请求景帝让他留在京城陪伴太后，结果被景帝拒绝了。没办法，梁王只好闷闷不乐地回去。不久，梁王打猎时见到一头长相极为可怖的怪牛，被吓得惊魂不定，没过几天便去世了。

得知梁王的死讯后，窦太后伤心欲绝，甚至迁怒景帝，认为是因为他赶走梁王，才致使小儿子毙命。最终，还是长公主想出法子，让景帝追封梁王为孝王，并将梁地一分为五，封给孝王的五个儿子。太后这才慢慢释怀。

周亚夫辞官后一直住在都城。一次，景帝将周亚夫召入宫中，让他和自己一同用饭，但却不给他汤勺和筷子。周亚夫觉得景帝在戏弄他，感到非常生气。景帝因此便认定，周亚夫对他心存不满，以后恐怕会留下后患。

当时，周亚夫的年纪已经很大了，他的儿子便打算先着手置办他的后事。因周亚夫是武将，其子便特意向尚方购置五百具铠甲充当陪葬品。尚方卖的器物本是有禁令的，但周亚夫的儿子贪图便宜，就私底下找人帮忙购买。等佣工将东西搬运到家后，他又不给人家辛苦钱。佣工因此心生恨意，便去举报周亚夫的儿子，说他偷置兵器，图谋不轨。

就因为这事，周亚夫无辜被牵连下了大狱。审讯过程中，审讯官对周亚夫毫不客气。他本就生性高傲，受此折辱之后，竟一连五天不进米水，硬生生将自己饿死在狱中。

周亚夫死后，景帝改封周亚夫的弟弟周坚为平曲侯，皇后的兄弟王信也得到出头的机会，被封为盖侯。丞相刘舍因表现平平被撤职，御史大夫卫绾升任丞相。之后，景帝又起用宁成做中尉，掌管刑律。宁成比郅都还要心狠手辣，更让人惧怕。

几年后，景帝重病，不久便驾鹤西归，享年四十八岁。年仅十六岁的太子刘彻继承帝位，成为大汉王朝的新主人，是为武帝。

> 金屋藏娇

蔡公曰 薄皇后为栗姬所排,无辜被废,而王美人又伺栗姬之后,并栗太子而挤去之,天道好还,何报应之巧耶?独怪景帝为守成令主,乃为二三妇人所播弄,无故废后,是为不义;无端废子,是为不慈。且王美人为再醮之妇,名节已失,亦不宜正位中宫,为天下母,君一过多矣,况至再至三乎!太子荣既降为临江王,欲求免祸,务在小心,旧有王宫,居之可也,必欲鸠工增筑,致有侵及宗庙之嫌,未免自贻伊戚。但晁错穿庙垣而犹得无辜,临江王侵庙地而即致加罪,谁使苍鹰,迫诸死地?谓其非冤,不可得也。

卫氏一族的崛起

武帝还没有即位之前就已经娶阿娇为妃,登基后自然册立阿娇做了皇后。

武帝喜好读书,即位之后便颁下诏书,让大臣们为朝廷搜罗人才。也是在这个时候,广川人董仲舒、菑川人公孙弘、会稽人严助及许多有名的儒生聚集在一起,来到武帝面前接受考核。

考核结束后,武帝翻看这些儒生的文章,看到董仲舒的试卷时,不禁大为赞赏。此时的武帝年少气盛,一心想着要做一番大事业,而董仲舒的言论,恰好符合武帝的意愿。武帝当即下旨,封董仲舒做了江都相。

太皇太后窦氏推崇道家,不喜欢儒术,因此景帝在位的十六年,从来没有重用过儒生。武帝即位之后,却开始重用儒生,这让窦太后非常生气,便想干预。武帝毕竟刚刚即位,在朝堂上根基不深,自然不好违逆祖母,但凡政事都要询问请教一番。

结果,武帝新提拔上来的郎中令赵绾却不懂其中关窍,冒冒失失地上奏武帝说:"古礼有言,妇人不能干政,陛下不必事事都请教东宫!"

卫氏一族的崛起

这事很快就被太皇太后知道了。她十分恼怒，当即召来武帝，对他训诫一通，然后逼着武帝将赵绾及另一位新提拔的儒生王臧一起关入大狱。武帝本想等太皇太后消气之后再将二人营救出来，可没想到，还没等武帝想到办法，赵绾和王臧就在狱中自杀了。

此事过后，武帝意识到，自己还没有能力与太皇太后抗衡，只能将未尽的改革暂且搁置不提。

王太后入宫之前曾嫁给金王孙，并生下一个女儿。武帝知道此事后，便命人暗中调查，找到了这个同母异父的亲姐姐，亲自将她迎了回来。当天晚上，武帝便与王太后一起，为这个姐姐接风洗尘，赏赐给她不少田宅和奴婢，封她为修成君。

迎回姐姐之后，武帝突然起了游兴，常常出宫四处游玩。建元二年（前139）三月，武帝去霸上祭祀时，路过平阳公主家，决定顺道探望一下这位姐姐。武帝的到来让平阳公主喜出望外，赶紧命人设宴款待。

席间，公主召来许多貌美的歌女舞姬助兴。武帝注意到，一名歌女嗓音娇美，还生得眉目清秀，尤其一头青丝，又黑又滑，如上好的锦缎一般，简直令人爱不释手。这歌女察觉到武帝的目光，频频斜眼挑逗，让武帝心生荡漾。

平阳公主注意到武帝的异常，故意打趣道："陛下觉得这名歌女如何呀？"

武帝听完一曲，方才开口问道："她是何人？叫什么名字？"

平阳公主笑道："她祖籍平阳，名叫卫子夫。"

过了一会儿，武帝借口屋中太热，要去更衣。平阳公主心领神会，马上叫来卫子夫，让她服侍武帝更衣。两人一去就是大半晌，再回来时，只见武帝一脸餍足，卫子夫两腮泛红，公主心中便知这件事成了。

武帝离开时，特地赏赐千金酬谢平阳公主，公主自然知情识趣，主动送上卫子夫，让她同武帝一起回宫。临别之际，平阳公主亲热地抚着卫子夫的背，对她说道："若是将来尊贵，可别将我忘了！"

卫子夫本以为入宫之后就能常伴君王左右，没想到，刚到宫中，就碰到了皇后陈阿娇。阿娇自小就是天之骄女，脾气骄纵，十分不好惹，更何况武帝能够即位，长公主出力不少，因此平日里，武帝对阿娇也多有忍让。

见阿娇生气，武帝只得匆匆安置好卫子夫，赶去陪伴皇后，并答应以后不再见卫子夫。就这样，卫子夫刚一入宫就失了宠，其后的一年多时间里，连皇上的面都见不到。武帝也渐渐放下旧情，把卫子夫抛诸脑后。

卫氏一族的崛起

宫中有许多宫女，每隔一段时间，都会放一批宫女出宫。卫子夫觉得自己连见武帝一面的机会都没有，留在宫中蹉跎也没有趣味，不如趁机离宫，回去做歌女算了。

这日，武帝不知怎的，突然心血来潮，亲自前去查看点验准备放出宫的宫人。看到"卫子夫"三个字时，武帝不由得心神一震，许多记忆涌上心头。时隔一年多，武帝再见卫子夫，只觉她依旧俊秀妩媚，只是身姿清减几分，反而更加可怜可爱，那一头秀发也和记忆中的一般漆黑生光，让人爱不释手。

万千情愫涌起，武帝自然不会放卫子夫离开，便暂时将她安置在距离正宫较远的地方，常常与她私会。二人浓情蜜意，几番恩爱，不久，卫子夫就有了身孕，武帝更加看重她了。

武帝和卫子夫的事情很快就被陈皇后知道了。尤其得知卫子夫怀有身孕时，陈皇后更是嫉恨非常。但对于这件事，武帝不肯有丝毫让步，甚至指责陈皇后，说是因为她多年无子，自己才会去宠幸卫氏。

陈皇后将此事告知母亲窦太主。窦太主虽然心疼女儿，但也知道此时卫子夫不能动。就在这时，她忽然听说建章宫里有一名小吏，名叫卫青，是卫子夫同母异父的弟弟。窦太主便命人把卫青抓了起来，打算在他身上出气。

好在卫青认识的几个好友，都是十分讲义气的人，得知他被窦太主绑去后，急忙前往营救，这才保住了卫青一条小命。

很快，这件事就被武帝知道了。武帝十分恼怒，直接升任卫青做了建章监侍中。不久，正式册封卫子夫为夫人，卫青也升任大中大夫，就连卫家的其他儿女，也都得到了相应的恩泽。

159

经此一番斗法，武帝与陈皇后这对少年夫妻之间的裂痕越来越大。武帝甚至想要废掉陈皇后，但又因畏惧太皇太后窦氏的威势而不敢动作。于是，他更加厚待卫氏姐弟，仿佛在用这种方式昭示自己的不满。

武帝好玩乐，大中大夫吾邱寿王为讨好武帝，便提出拓造上林苑的建议。当时，国库充盈，天下太平，武帝花起钱来自然毫不吝啬。他虽知道这是件劳民伤财的事情，左右也有所劝阻，但思来想去，还是对游猎一事念念不忘，后来便准了吾邱寿王的奏请，令人拓造上林苑。

那时，武帝或许也没想到，一处上林苑，竟还引出一篇千古佳文《上林赋》。《上林赋》的作者，正是当时辞章派有名的代表司马相如。

卫氏一族的崛起

蔡公曰 平阳公主,因武帝之无子,私蓄少艾,乘间进御,或称其为国求储,心堪共谅,不知武帝年未弱冠无子宁足为忧。观其送卫子夫时,有贵毋相忘之嘱,是可知公主之心,无非徼利,而他日巫蛊之狱,长门之锢,何莫非公主阶之厉也!武帝迎金氏女,平阳公主献卫子夫,迹似是而实皆非,有是弟即有是姊,同胞其固相类欤?

凤求凰

司马相如是蜀郡人，从小就喜欢读书击剑，因喜欢赵国时期的名相蔺相如，所以改名为司马相如。蜀郡太守文翁为了改变蜀地人野蛮的情况，选择若干人前往京城求学，其中就有司马相如。

司马相如学成归来后，在文翁手下做了一段时间的官。文翁死后，他就不打算继续留在蜀郡了，于是前往长安做了郎官。一次，梁王刘武觐见景帝，他的下属和司马相如相谈甚欢。于是，司马相如就投奔了梁国。梁王去世以后，司马相如只好回到蜀郡老家。此时他的父母早已过世，司马相如穷困潦倒，只能投靠朋友，即在临邛县做县令的王吉。

王吉得知司马相如的近况后，想出一条计策，打算把他打造成一位高人。司马相如把行李搬到都亭，王吉则日日拜见。最开始，司马相如还会见王吉几面，后来干脆闭门不见。不久，附近的百姓就知道这里住着一位贵人，县令都要日日拜见，而他却对县令爱答不理。

很快，都亭有贵客的消息就传到了当地富户卓王孙和程郑耳中。两人组织了一场宴会，邀请司马相如、王吉和当地其他乡绅富户参加。司马相如按照王吉的吩咐，摆足了架子，等人再三邀请，才去赴宴。入座后，王吉又吹捧司马相如，要司马相如弹琴。司马相如在音乐上颇有造

凤求凰

诣，一曲过后，众人无不心旷神怡，高声喝彩。此时，司马相如却注意到屏风之后有一个美丽动人的女子。

这个女子是卓王孙寡居在家的女儿卓文君，不仅生得美丽动人，更是聪明伶俐，琴棋书画样样精通。司马相如对卓文君一见钟情，于是就把曲子改成《凤求凰》。卓文君对音乐也很有造诣，马上就明白了司马相如的意思。

宴席散后，卓文君向侍从打听司马相如是何人。侍从收了司马相如的贿赂，自然将其说得天下无双，接着又按照司马相如的交代，说他就要离开这里了。卓文君得知司马相如要离开临邛县，便趁夜去都亭找司马相如，和他一起私奔去了成都。

到了成都，卓文君才知道司马相如一贫如洗，只有赴宴穿的几件衣服还算值钱。但事已至此，后悔也没有用了，她只能典当自己的衣服、首饰，换钱养活司马相如。一段时间以后，能卖的东西都卖光了，两人过起了吃了上顿没下顿的生活。

卓文君的事情很快就传到卓王孙的耳朵里，卓王孙因为女儿私奔之事大怒，扬言要女儿饿死。司马相如听说卓王孙不肯出钱接济自己，于是就想出一个主意逼卓王孙出钱。他变卖了家中最后几件值钱的东西，开了家小酒店，让卓文君抛头露面，出来卖酒。认识卓文君的人经常出言调戏，让卓文君很是难过。卓王孙得知此事，深感丢脸，只好被迫拿出钱来接济司马相如。

司马相如有了钱，又过上了沉湎酒色的逍遥生活。此时，汉武帝看到了司马相如写的《子虚赋》，很是喜欢，于是将司马相如招进长安。司马相如又为汉武帝写了一篇《游猎赋》，汉武帝惊为天人，认为司马相如是个奇才，于是封他为郎官，让他留在了长安。

朱买臣是吴地人，读书到四十岁还一无所成，穷困潦倒。他的妻子见家境实在难以为继，就打算离开朱买臣。朱买臣告诉妻子，自己五十岁就会大富大贵，两人已经结发二十多年，现在走太亏了，如果不走，将来必有厚报。他的妻子自然不信什么五十岁会大富大贵，朱买臣只好写了休书。

几年后，朱买臣快要五十岁了，他决定进京自荐。一位好心的同乡替他禀告汉武帝，汉武帝才接见了朱买臣。不料，君臣的一番对话，让汉武帝觉得朱买臣很有才华，于是封他为中大夫。但朱买臣的官运并不亨通，没过多久就丢掉了官位。

越地不尊王化，经常叛乱，周边百姓、官员、王爵都苦不堪言。汉武帝想要平越地，却没有好的计策。朱买臣得知此事，马上就献上了平越的计策，让汉武帝很是欣赏，后调任他为会稽太守。

朱买臣当了太守，可以说是衣锦还乡了。路过吴地的时候，他看见了前妻。他想起自己落魄的时候，前妻即便是离开了，也曾给过自己一些资助，于是就叫前妻过来叙旧。他得知前妻的丈夫此时正在修路服役，就给他们夫妻一些资助，想要让他们过得好一点。

之后，朱买臣大摆宴席，找来当年的亲朋故旧，给了许多恩惠。乡里人见朱买臣衣锦还乡，极尽阿谀奉承。一场宴席，宾主尽欢，只有朱买臣的前妻深感后悔。朱买臣新娶的妻子，从一开始就过上了锦衣玉食的生活，而自己跟朱买臣过了二十多年的苦日子，没想到刚改嫁几年，朱买臣就富贵了，自己把美好的生活拱手让人了。她越想越气，居然趁着丈夫外出投缳自尽了。朱买臣得知此事，叹息不已，拿出钱来厚葬了前妻。

朱买臣在会稽招兵买马，为朝廷出兵东越做准备，但汉武帝却没有时间管东越的事情了。此时，大行王恢认为应该与匈奴断交，进兵匈奴。他听从马邑人聂壹的计策，假装给匈奴可汗献马邑城，在马邑设下埋伏。

匈奴可汗中计前往马邑，不料中途抓到一个亭尉，逼问出了埋伏的事情，就匆匆退兵了。聂壹和王恢的埋伏落空了，又因此与匈奴撕破了脸。汉武帝大怒，决定处罚王恢。

王恢回到朝中，汉武帝打算军法处置他。王恢辩解说，自己之所以没有追杀逃跑的匈奴单于，是因为手中只有三万兵力，担心全军覆没。汉武帝不相信他的辩解，把他投入大牢，准备不日将其处以极刑。

王恢非常害怕，赶紧让家人用千金贿赂武安侯田蚡。田蚡此时已是丞相，位高权重，又有太后庇护，就接受了这个贿赂，进宫见王太后为王恢说情。王太后尽力为王恢说情，汉武帝却不为所动。王恢得知消息后，就在狱中自尽了。

> **蔡公曰** 贪之一字，无论男妇，皆不可犯。朱买臣妻，及大行王恢，事迹不同，而致死则同，盖无一非贪字误之耳，买臣妻之求去，是志在贪富，王恢之诱匈奴，是志在贪功，卒之贪富者轻丧名节，无救于贫，贪功者徒费机谋，反致坐罪。后悔难追，终归自杀，亦何若不贪之为愈乎！是故买臣妻之致死，不能怨买臣之薄情，王恢之致死，不能怨武帝之寡德，要之皆自取而已。世之好贪者其鉴诸！

诛灌夫，斩窦婴

汉武帝十分宠幸韩嫣，因此韩嫣家财无数，就连用弹弓打鸟雀的时候，都要用黄金的弹丸。许多穷苦人家的孩子会在韩嫣打猎时紧紧跟随，以求能捡到一颗弹丸。韩嫣仗着汉武帝的宠爱越来越嚣张，最终为自己惹下祸端。

一次，江都王刘非受武帝邀请前往上林苑打猎。在刘非到达之前，韩嫣先去猎场探路。出宫的时候，他的排场居然像皇帝一样庞大。刘非还以为是汉武帝出行，就跪在路边。等到韩嫣的车驾从他的旁边路过时，他才从别人口中知道那是韩嫣。刘非觉得自己受到了侮辱，就向王太后哭诉。王太后想要惩处韩嫣，就进行了调查，发现韩嫣居然秽乱宫廷，于是下令处死韩嫣。武帝求情未成，韩嫣只好服毒自尽。

汉武帝因为韩嫣的死郁郁寡欢，王太后的弟弟田蚡擅长阿谀奉承，很快就成为武帝宠爱的对象。没想到，田蚡比韩嫣更加猖狂，没多久，就开始在朝中安插人手，连汉武帝的面子都不给。

田蚡原本是前任丞相窦婴的下属，田蚡高升的时候，窦婴却失势了。眼见攀附田蚡的人越来越多，自家门可罗雀，这让窦婴很是不满。一天，窦婴的好友灌夫路过丞相府，想着自己与田蚡是熟人，想要进去看看田蚡如何对待自己。田蚡与灌夫相谈甚欢,还客套地说要去拜访窦婴。灌夫把田蚡的话当了真,通知了窦婴。第二天,灌夫与窦婴从日出等到中午,田蚡也没有来。

灌夫等不及了,前往田蚡家等了两个时辰,田蚡才起床,解释说前一晚喝醉了。窦婴从日出等到日落,田蚡才到窦婴家。灌夫对田蚡的行为很是不满,席间多次出言讽刺,田蚡却不动声色。第二天,田蚡就派人到窦婴家,要求窦婴出让他最看重的一块土地。灌夫和窦婴将使者籍福痛斥一番,籍福却没有把这些事情告诉田蚡,只说窦婴已经老了,不妨等窦婴老死再说。

没想到,不久之后,田蚡却从别人口中得知灌夫和窦婴痛斥籍福的事情。田蚡大怒,上奏弹劾灌夫,说灌夫家人横行乡里,祸害百姓。得到汉武帝的同意后,田蚡就把灌夫的家属都抓了。灌夫手中有田蚡的把柄,他以把柄做威胁,此事就不了了之了。但因为这件事情,田蚡深恨灌夫。

诛灌夫，斩窦婴

元光四年（前131），田蚡迎娶燕王刘嘉的女儿为夫人，窦婴和灌夫前去道贺。宴席间，田蚡多次出言挑拨灌夫和其他人的关系，灌夫恼怒之下大闹宴席。田蚡哪肯放过这大好良机，于是命人把灌夫和他的族人全部抓进监牢，准备处死。

窦婴认为是自己带着灌夫赴宴才会惹出祸事，在朝堂上与田蚡据理力争，得罪了田蚡。田蚡向姐姐王太后哭诉，王太后怒不可遏，要求汉武帝严惩窦婴。汉武帝明知此事是田蚡的过错，但王太后有命，只好命人把窦婴抓了起来。

窦婴听说灌夫要被诛灭全族，慌了手脚，才想起汉景帝曾留下遗诏，给了他有事可以直接面圣的权力。汉武帝接到窦婴的奏章后，就命尚书调查此事。尚书有意陷害窦婴，便说窦婴捏造汉景帝遗诏，论罪当诛。汉武帝心知肚明，于是诛杀了灌夫全家，打算在第二年大赦天下的时候饶窦婴的性命。田蚡怎能允许窦婴活着，赶紧命人散播谣言，说窦婴心怀怨恨，诽谤朝廷。汉武帝大怒，下令将窦婴斩首。

田蚡铲除了政敌，朝堂上下再没有人敢违逆他的意思。正在他春风得意的时候，奇怪的事情发生了。一天，田蚡在家中怪叫一声，连喊知罪，随后就昏迷过去。再次醒来时，他已然全身瘫痪。他说是窦婴和灌夫二人的鬼魂前来索命，每天都喊全身疼痛，向鬼魂求饶。几天后，田蚡就全身青肿、七窍流血而死。

眼见天下太平，汉武帝又想起了越地的事情。他先是派遣唐蒙前往自以为天下最大的夜郎国，让夜郎国知道大汉是如何强大，夜郎国应该举国相投。夜郎国归附大汉后，唐蒙修建了一条便于沟通夜郎国与蜀地的道路。

唐蒙带领士兵，逼迫当地百姓修路。当地百姓非常惶恐，导致社会治安混乱。汉武帝听说这件事情以后，就派原本是蜀郡人的司马相如前去安抚蜀郡百姓。

当年司马相如回乡时，不过是个小官。如今，他不仅官职高了，更是朝廷的特使。一路上，他耀武扬威，眼高于顶，就连岳父卓王孙都不肯见上一面。卓王孙为了讨好司马相如，就给了女儿大笔钱财，以免被司马相如刁难。

司马相如完成使命后，带着妻子卓文君一起回到长安。但此时卓文君的年纪已经大了，不复当年的美貌，司马相如就打起了纳妾的念头。在卓文君写下《白头吟》苦苦哀求后，他才打消念头。不久，司马相如就生病了，只好告假回家。没想到，突然有一天，长门宫的内侍带着黄金百斤，前来求一篇文章。

> **蔡公曰** 鬼神非尽有凭，而报应却真不爽，田蚡以私憾而族灌夫，杀窦婴，假使作威作福，长享荣华，则世人尽可逞刁，何苦行善？观其暴病之来，非必窦婴灌夫之果为作祟，然天夺之魄而益其疾，使其自呼服罪，痛极致亡，乃知善恶昭彰，无施不报，彼田蚡之但毙一身，未全及族，吾犹不能不为窦灌呼冤也。西南夷之通道，议者辄以好大喜功，为汉武咎，吾谓拓边之举，非不可行，误在知拓土而不知殖民，徒买服而未尝柔服耳。若司马相如之入蜀，蜀中守令，郊迎前驱，卓王孙辈，争送牛酒，恍如苏季之路过洛阳，后先一辙。炎凉世态，良可慨也！

《长门赋》与"飞将军"

长门宫住着前皇后陈阿娇,她想要借司马相如的文笔感动皇帝,重回后位。陈皇后之所以被废,是因为没有生下男孩,在与卫子夫争宠的过程中又失败了。不甘心失败的她,居然找来一位女巫替她做法,来挽回皇帝的心意。

古代皇帝最忌讳巫蛊之事,武帝也不例外。得知此事后,他勃然大怒,将巫女、巫女的徒弟,以及宫女、太监一并处死,死者多达三百余人。陈阿娇吓得魂不附体,几夜都睡不着。最终,她被废黜皇后之位、贬到了长门宫。

汉武帝的姑母、陈阿娇的母亲窦太主对武帝有拥立之恩,得知陈阿娇被废,连忙进宫请罪。窦太主养过一个弄儿,名叫董偃,因为样貌出众,深得窦太主喜爱。窦太主的丈夫病死后,窦太主就要求董偃与其同床共枕了。

安陵人袁叔和董偃关系很好,一天,他告诉董偃,若董偃与窦太主私通一事被人告发,董偃将死无葬身之地。如果董偃能把窦太主在顾城庙旁的一块田地献给武帝,必然会让董偃得到武帝的喜爱,就能高枕无忧了。董偃和窦太主听从了袁叔的建议。果然,武帝很高兴,在那处田地上建了行宫。

陈皇后被废以后,窦太主十分不安,袁叔又出主意让窦太主装病。听说窦太主病了,武帝亲自前去探病。窦太主哭着谢恩,并且希望武帝能经常过来游玩,武帝答应了。几天以后,武帝又来窦太主家,窦太主穿上家庭主妇的衣服,站在门口等待。武帝见状,心领神会,让窦太主叫主人翁出来一见,窦太主就把董偃请了出来。

董偃样貌清秀,又有才华,在刻意逢迎之下,深得武帝喜爱。从那以后,武帝就经常带着董偃四处游玩,窦太主也不顾脸面,公开了与董偃的私情。

一天,轮到东方朔侍卫武帝,见武帝召见董偃,赶紧进言说董偃犯了三条死罪:其一,私下侍奉窦太主;其二,破坏古礼;其三,蛊惑皇帝,破坏皇帝的勤学之心。武帝深思后,认为董偃罪不至死,先放他进来,日后再慢慢改过。不料,东方朔又说,自古篡逆大祸都是从淫乱开始的,如果武帝不提防,将来就会酿成大祸。武帝这才把东方朔的话放在心上,重重赏赐了他,开始疏远董偃。

窦太主老了以后,董偃也开始寻花问柳。武帝得知此事后,不再顾及窦太主的面子,找了个罪名把董偃杀了。

这件事情让陈皇后起了死灰复燃的心思,窦太主做出这样的丑事都能被原谅,难道自己就不能想办法挽回颓势吗?于是重金聘请司马相如作《长门赋》。可惜,武帝并没有因此回心转意。

元光六年(前129),匈奴侵犯汉朝边界。武帝命车骑将军卫青、骑将军公孙敖、轻车将军公孙贺、骁骑将军李广出兵抗击。李广要去雁门,以他的能力来说,击败匈奴应该不成问题。没想到,匈奴得知消息后，派大军设下埋伏，在半路活捉了李广。在押送路上，李广绷断绳索，跳上匈奴士兵的战马，抢到弓箭射死数个匈奴士兵，这才逃脱了。

李广这一路并不顺利，公孙敖也被匈奴人击败，公孙贺没有遇到敌人白跑一趟。四路大军只有卫青击败了匈奴人，获得成功。有其他人做对比，卫青自然显得更加出色。再加上卫青的姐姐卫子夫在此时为武帝生下第一个儿子，就显得卫家更出众了。于是，卫青成了关内侯，卫子夫成了皇后。倒霉的李广和公孙敖，在缴纳了大量赎金后才保住了脑袋，变成了平民。

匈奴在秋天时又来了，材官将军韩安国率军迎战。由于兵力太少，韩安国全军覆没，自己也险些战死。武帝大怒，派人前去斥责，韩安国又惭愧又害怕，吐血而亡。武帝左思右想，还是决定派李广去。

李广上任以后，整顿军队，建设城防，让匈奴人无处下口。因此，匈奴人送了李广"飞将军"的名号。一日，李广外出巡逻，来到山脚下时发现草丛里好像有一只老虎。他赶紧拉弓射箭，一下就射中了。李广走进草丛一看，原来那不是老虎，而是一块大石头。他射出的羽箭居然没入石头之中。从那以后，李广的名声就更大了。

李广再厉害也只能守住一处边境，武帝又派卫青和李息与匈奴交战。卫青大胜，越来越得到武帝的喜爱，甚至到了他出的主意武帝一般都会接受的程度。卫青受到重用，但推荐卫青的主父偃却被冷落了。在钱财花光、无法留在都城的窘况下，他只好给武帝写文章自荐。武帝喜欢主父偃的文章，于是封主父偃为郎中。

主父偃伶牙俐齿，又写得好文章，见武帝喜欢自己，就写了许多奏疏，都被武帝采用了，一年内升迁四次，直到中大夫的位置。正巧梁王刘襄和城阳王刘延上书，想要把封地分给子弟，主父偃就想出了一个削弱藩王势力的办法。

武帝批准了梁王和城阳王的奏章，将诸侯子弟分封为诸侯，全国上下所有藩王势力都被削弱了。

元朔二年（前127），匈奴再次进攻，被李息和卫青击败。主父偃趁机献策，说服武帝在河南地区修墙筑城。武帝力排众议，同意了主父偃的计策。燕王刘泽的孙子刘定国继承爵位后，荒淫无度，与亲人乱伦。因为刘定国的妹妹是田蚡的夫人，居然没人能告发他。主父偃过去在燕国不受重用，得知此事后就上告武帝刘定国的事情。刘定

《长门赋》与"飞将军"

国被赐死,燕国被收回中央,设立郡。主父偃在朝中势力越来越大,大臣们都巴结他。主父偃春风得意,武帝派他前往齐国做国相。主父偃本就是齐国人,兴高采烈地回乡上任去了。

> **蔡公曰** 李广射石一事,古今传为奇闻,吾以为未见奇也。石性本坚,非箭镞所能贯入,夫人而知之矣,然有时而沕(lè),非必无罅隙之留,广之一箭贯石,乃适中其隙耳。且广曾视石为虎,倾全力以射之,而又适抵其隙,则石之射穿,固其宜也,何足怪乎!夫将在谋不在勇,广有勇寡谋,故屡战无功,动辄得咎,后人惜其数奇,亦非确论。彼主父偃所如不合,挟策干进,一纸书即邀主眷,立授官阶,前何其难,后何其易,甚至一岁四迁,无言不用,当时之得君如偃者,能有几人?然有无妄之福,必有无妄之灾,此古君子所以居安思危也。偃不知此,反欲倒行逆施,不死何为?乃知得不必喜,失不必忧,何数奇之足惜云!

175

帝国双璧两舅甥

齐王刘次昌年纪轻轻就养成了荒淫无度的恶习,他的母亲将弟弟的女儿许配给他,他居然因为样貌平凡对其置之不理。齐王的母亲纪太后很喜欢这个侄女,就命令女儿纪翁主管教齐王。没想到,两人一来二去居然发生了乱伦的丑事。

长乐宫有个齐人名叫徐甲,深得王太后的宠爱。王太后一心想把外孙女娥嫁给一个藩王,以保证将来的富贵生活。徐甲不知道齐王已经娶妻,并且发生了乱伦的丑事,就建议把娥嫁给齐王。

主父偃也想要把女儿嫁给齐王做妾,于是也拜托徐甲去说这件事情。没想到,齐王只打算娶娥,并不打算纳主父偃的女儿为妾。纪太后知道这件事情以后勃然大怒,马上就把徐甲赶回长安。徐甲觉得事有蹊跷,就在齐国悄悄打听,才知道齐王做下的丑事。

徐甲回报王太后的时候,故意想要激怒王太后以打击齐王,没想到王太后却不愿多事。主父偃得知此事以后,觉得齐王轻视女儿,让自己没了面子,于是就把此事上告武帝。武帝认为齐王性情恶劣,于是派主父偃为齐国国相,希望齐王能改邪归正。

没想到,主父偃根本没有教导齐王的意思。一来到齐国,他就开始追查齐王的事情，希望能抓住齐王的把柄，将来好掌控齐国大权。没想到，齐王虽荒淫无度，胆子却很小，被主父偃一吓唬，居然自尽了。

武帝知道此事以后，深恨主父偃。赵王也曾轻视主父偃，担心将来被他所害，于是就弹劾主父偃受贿。主父偃被投入大牢，一直看不惯他的公孙弘也落井下石，最后主父偃被诛杀。从此以后，武帝便专宠公孙弘。元朔五年（前124），公孙弘接替了薛泽的宰相位置，势力越发庞大。

酷吏张汤很擅长逢迎上级，深得武帝欢心。他与公孙弘互相吹捧，一路高升。一向正直的老臣汲黯却不肯吹捧公孙弘，因此和公孙弘成为政敌。汲黯十分贤明，卫青成为大将军之后，人人尊崇，只有汲黯见到卫青仍然不肯下拜。

卫青为什么成了大将军呢？匈奴右贤王连年入侵北方，武帝派遣卫青率领三万骑兵为主力，派李息、张次公为后援，十万兵马出击匈奴。右贤王得知此事后，连忙撤军。一段时间以后，右贤王没有见到汉军，以为长安路远，汉军一时半会儿来不了。没想到，卫青率领骑兵突然出现，将右贤王的营帐团团围住。右贤王仓皇逃窜，匈奴大败。卫青俘虏匈奴士兵一万五千余人，牲畜上百万，取得了前所未有的大胜。

如此大胜，武帝怎能不赏呢？于是，卫青就成了大将军，他三个尚在襁褓的儿子也被封为列侯。跟随卫青出征的众将军也都有了封赏。回朝之时，武帝亲自迎接，并且赐酒三杯为卫青接风洗尘。然而，如此殊荣还不是卫青好运的终点。

平阳公主是平阳侯曹寿的妻子。曹寿病死以后，公主就一直寡居。一日，公主有了再嫁之心，就询问仆人谁是如今最优秀的列侯。仆人告诉公主，此人就是公主曾经的马夫，如今的大将军卫青。

公主开始还自恃身份，觉得卫青过去是自己的马夫，不好办。仆人便开导公主说，卫青现在是大将军，他姐姐卫子夫是皇后，他的三个孩子都是列侯，尊贵程度仅次于皇帝。公主听后，觉得有道理，更何况，卫青身材挺拔，相貌英俊，嫁给卫青简直是修来的福气。于是，公主就找卫子夫帮忙说媒。

卫子夫也愿意促成这件美事，于是就找来卫青商量，并且向武帝说情。没多久，公主就如愿嫁给了卫青。卫青与武帝有了亲戚关系，更受恩宠。满朝文武无不巴结卫青，只有汲黯和过去一样。卫青很敬重汲黯，因此毫不在意。不仅卫青对汲黯另眼相看，就连武帝对汲黯也有一种莫名的畏惧之心。

一天，汲黯入朝奏事。武帝没有戴皇冠，居然不敢见汲黯。他匆匆躲入帷帐之中，等汲黯走了才敢出来。丞相公孙弘和大将军卫青堪称朝中文臣与武将的魁首，即便如此，武帝也敢衣冠不整地接见他们。只有汲黯来的时候，武帝是一定要衣冠端正的。

武帝虽然尊敬汲黯，但却很少采纳他的建议。因为汲黯信奉道家，又经常劝谏武帝不要穷兵黩武，这让他很不喜欢。匈奴此时非常猖獗，经常劫掠大汉边境。元朔六年（前123），武帝再次派遣卫青，率领公孙敖、公孙贺、赵信、苏建、李广、李沮等将军，前往定襄阻击匈奴。

卫青的外甥霍去病刚刚十八岁，武艺出众，有勇有谋，也随军出

征。大军来到定襄，击败匈奴。一个月后，从定襄出发，攻入匈奴境内。各将军立功心切，纷纷带领部下追杀匈奴军。卫青则率领本部大军驻扎在后方，接应各路人马。

诸位将军回营后，发现苏建、赵信和霍去病三人没有领军回营。又等了一夜，苏建狼狈而归。他告诉卫青，他和赵信攻入匈奴腹地，被敌军包围。赵信居然临阵反叛，率领九百士兵投降了匈奴。苏建只能率领残军突围，不料，全军覆没。

霍去病是最后一个回来的。没想到，霍去病麾下只有八百人，却立下了大功。他杀死了匈奴单于的祖父，抓住了匈奴相国当户和单于的叔叔。此战虽然杀死了匈奴一万人，但己方也损失惨重。只有卫青和霍去病二人得到赏赐，霍去病被封为冠军侯。张骞因为熟知匈奴地形，带领大军找到水草所在，保证了后勤，因此被封为博望侯。

> **蔡公曰** 卫青之屡次立功，俱有天幸，而霍去病亦如之。六师无功，去病独能战捷，枭虏侯，擒虏目，斩虏首至二千余级，虽曰人事，岂非天命！汉武诸将，首推卫霍，一舅一甥，其出身相同，其立功又同，亦汉史中之一奇也。

"飞将军"的遗憾

匈奴尚未平定,国内又起了波澜。淮南王刘安和衡山王刘赐勾结,造反了。刘安喜欢读书,精通音律,广纳贤才,一直有"贤王"之称。他麾下有苏飞、李尚、左吴、田由、雷被、伍被、毛被、晋昌八个人才,被称为"淮南八公"。这些人共同编撰了古今相传的名著《淮南子》,就连武帝也对此书连连赞赏。

田蚡与刘安交好,曾表示要推翻武帝,让刘安当皇帝。刘安有了野心,就开始为造反做准备。刘安不喜欢长子刘不害,于是立刘迁为太子。雷被在与刘迁练剑的时候,不小心伤了他。他担心被刘迁报复,就从淮南国逃到了长安,向武帝告发刘安密谋造反的事情。

武帝派遣使者调查,刘安蒙混过关,只被削去了两个县的土地。刘不害的儿子刘建为父亲失宠愤愤不平,暗中策划刺杀太子刘迁。刘迁得知此事以后,将刘建捆起来狠狠地打了一顿。刘建更恨刘迁了,直接派遣心腹前往长安,禀告刘安密谋造反的事情。于是,武帝派遣使者前去审问。前淮南王刘长曾杀死薛阳侯审食其,他的孙子审卿为了报仇,就搜集了许多刘安造反的证据,上报给公孙弘。

刘安得知皇帝已经派遣使者来调查,就加快了造反的脚步。他准备行刺卫青,又私造了皇帝、丞相、御史大夫和将军的印信,接着与衡山王刘赐密谋,两国联合造反。

刘安还没有正式起兵,朝廷的使臣突然就到了。大军将淮南王王宫团团围住,并且从王宫里找出了私造的各种印信。刘安畏罪服毒,其他参与谋反的官员也在张汤的授意下,被打成死罪。

刘赐见刘安造反不成,就打算偃旗息鼓。没想到,他的儿子刘爽因为被废了太子的位置,怀恨在心,居然上告父亲谋反。在张汤的查问下,刘赐自杀,其他参与谋反的众人也被赐死。刘爽因为上告父亲,属于不孝,也被赐死。

两次大案有几万人被牵连在内。为了稳定人心,武帝决定册立已经七岁的刘据为太子。除此之外,他还想要和西域建立往来关系,于是博望侯张骞再次出使西域。张骞是汉中人,建元年间入朝为官。当时有匈奴人投降,带来了月氏被匈奴人打败西逃,一心想要复仇的消息。武帝打算联合月氏,对匈奴进行夹击。选择使者的时候,大臣们贪生怕死,不敢去,只有张骞接受了这个使命。

没想到,张骞未到西域,就被匈奴骑兵抓住,软禁了十多年。直到匈奴人放松警惕,他才逃了出来。定襄之战后,张骞又有了西行的想法。这一次,张骞打算从蜀地绕路前往西域。没想到,走到滇国附近的时候,张骞麾下的使者被昆明杂居的夷人劫掠,只好改道进入滇国。使者得到滇王的款待,才得知滇国与汉朝不通音讯,就是因为昆明从中作梗。

汉武帝得知此事以后,就在上林苑开凿水池,让士兵在其中练习水战,准备讨伐昆明。同时,任命霍去病为骠骑将军,带领一万骑兵攻打匈奴。霍去病勇猛善战，越过焉支山，突进一千多里，杀死了折兰王和卢侯王，抓住了浑邪王子，胜利而归。

元狩二年（前121），霍去病与合骑侯公孙敖再次出击匈奴。博望侯张骞、郎中令李广从右北平进攻。匈奴左贤王得知汉军进攻，率领四万骑兵防御，与李广狭路相逢。李广麾下只有四千军士，他让儿子李敢率领数十精锐突围。李敢从匈奴军中杀出血路，又再次返回。士兵们见李敢骁勇，士气高涨了起来。四千汉军与四万匈奴军相持一天一夜，直到第二天张骞率领一万士兵赶到，才解除了匈奴对李广的包围。

此次出征，霍去病与公孙敖走散。霍去病一路狂奔，直到祁连山，斩杀匈奴三万多人，俘获牛羊财物不计其数。众将回朝后，李广以寡敌众，但士兵死伤过半，功过相抵。张骞和公孙敖延误军期，本该是死罪，但武帝法外开恩，将他们两个贬为平民。霍去病立下大功，不仅自己得到了大量赏赐，麾下的偏将也以军功封侯。霍去病一直对自己同父异母的弟弟霍光很好，霍光也因为霍去病的提携，进京做了郎官。

霍去病数次深入匈奴腹地，击败匈奴，抢夺财物、牲畜，俘虏匈奴大小贵族，让匈奴人心生畏惧。浑邪王数次战败，被匈奴单于怪罪，有了杀身之患，只好投降汉朝。武帝担心有诈，就派霍去病前去迎接。原本浑邪王和休屠王说好一起投降，休屠王临时变卦，被浑邪王杀死，妻儿也被浑邪王囚禁起来。休屠王的太子日䃅样貌出众，被送到黄门养马。武帝见了以后十分喜爱，就赐他金姓，封为马监。

经过数年的休养生息，武帝决定再次北征。卫青、霍去病各自率领五万骑兵，突击匈奴。老将李广主动请缨，武帝认为他已年老，对他很不放心，将他分到卫青麾下，叮嘱卫青要照顾李广，不要让他单独上阵。

183

此次是汉军出征规模最大的一次。匈奴单于伊稚斜十分害怕，就移居到荒凉的漠北，打算以逸待劳。卫青得知此事，便打算直接冲进漠北，攻击匈奴人的老巢，于是派遣李广和赵食其合兵向东，定期会合。李广认为这样绕路太远了，愤愤不平。卫青坚持，李广才勉强起兵出发。

卫青一路急行几百里才找到匈奴人，双方交战之前，忽然狂风大作，漫天黄沙中，匈奴和汉军都看不见对方。于是，卫青兵分两路，左右包围匈奴大营。伊稚斜单于听说汉军势大，率领手下几百精锐逃走了。天亮时，匈奴已被击败，而伊稚斜早就跑远了。

"飞将军"的遗憾

卫青在匈奴人的城中补给、休整完毕，开始回军。走到漠南，他才遇到李广和赵食其。二人误了军期，卫青打算处罚他们。李广本就不愿意绕路，怨气很大。他告诉卫青派来的长史，耽误军期是因为自己迷路了，与他人无关，随后就走向卫青所在的幕府。

李广到了幕府，对着众将士痛哭流涕地说："我李广从军以来，和匈奴作战七十多次，有进无退。这一次出征匈奴，绕路向东却迷路了，岂不是天意吗？李广已经六十多岁，死不足惜，不能再向刀笔吏屈膝求生了。今天，李广就在这里与众位告别了！"说完，他抽出佩刀自刎身亡。

> **蔡公曰**
>
> 淮南王安，种种诡谋，心劳日拙，彼以子女为足恃，而讵知其身家之绝灭，皆自子女酿成之。家且不齐，遑问治国？尚鳃鳃然欲窥窃神器，据有天下，虽欲不亡，乌得而不亡！
>
> 若李广之自请从军，全是武夫客气，东行失道，愤激自戕，非不幸也，亦宜也。而卫青固不足责云。

兔死狗烹，鸟尽弓藏

李广对待将士一贯不错，在他自杀以后，将士们纷纷落泪。李广一生都没能封侯，死后他的才能并不彰显的弟弟李蔡当上了丞相，被封为乐安侯。李广的三个儿子只有最小的李敢跟随霍去病征战，还有不错的前途。

霍去病大败匈奴，武帝还想要乘胜追击，匈奴则元气大伤，想要求和。在讨论是战是和的时候，张汤在知道武帝的心意之下，曲意逢迎，坚决主战。于是，和匈奴的关系就这样定下了基调。但是，大汉刚刚结束征战，已无力再发动一场战争了。

立下大功的霍去病取代了卫青的地位，成了武帝最宠信的人。原本依附在卫青之下的门客，也纷纷转投霍去病。

李家的霉运还没有结束。没多久，李蔡就因为占用孝景帝的园田被打入监牢，在狱中畏罪自尽。李敢先后失去父亲和叔叔，悲痛万分，越想越觉得父亲死得蹊跷，想要为父亲复仇。他去卫青府上，当面责问卫青李广的死因，结果与卫青发生口角，居然出拳向卫青打去。卫青虽闪避及时，但还是被擦破了额头。卫青性格宽厚，没有生气，也没有把这件事情告诉别人。但霍去病来拜访卫青的时候，还是知道了

兔死狗烹，鸟尽弓藏

这件事。

不久，武帝组织游猎，各将军随行。在追猎野兽的时候，霍去病竟然趁李敢不备，一箭射死了他。武帝得知此事，就谎称李敢是被鹿撞死的。这种赤裸裸的偏袒让众大臣敢怒不敢言。不到一年，霍去病就病死了。武帝很是悲伤，追封他为景桓侯。

李蔡死后，张汤就对丞相之位虎视眈眈。没想到，新任丞相不是他，而是太子少傅庄青翟。这让张汤很是恼怒，起了陷害庄青翟的心思。虽然张汤没能当上丞相，但气焰比起丞相有过之而无不及。为了铲除异己，他先后害死大农令颜异、御史中丞李文。没想到，不久之后，他就遭到赵王刘彭祖的弹劾。

张汤建议设置铁官，实行铁器国家专卖。赵国是产铁最多的地区，刘彭祖遭受了巨大的损失，因此深恨张汤。当时前去赵国的使者，就是张汤非常喜欢的小吏鲁谒居。刘彭祖弹劾张汤的事情，就是鲁谒居双脚红肿、张汤为鲁谒居揉脚的事情。刘彭祖认为，张汤作为朝廷大官，居然为一小吏揉脚，其中一定有见不得人的事情。

此时鲁谒居已死，只好找鲁谒居的弟弟来审问。鲁谒居的弟弟不肯招供，被押送到监牢。路上刚好碰见张汤，他就向张汤呼救。张汤此时也被牵扯其中，一时不好为他讲情。鲁谒居的弟弟居然觉得张汤抛弃了他，于是就把张汤和鲁谒居同谋陷害李文的事情和盘托出。

正巧此时又发生了孝文帝陵园失窃案，庄青翟有失察的过错，张汤认为这是栽赃庄青翟的好机会。于是，在退朝以后，他就找来御史商量此事。没想到，御史把事情告诉了庄青翟。庄青翟连忙召集与他交好的朱买臣、边通和王朝三人，准备反戈一击。他们抓住与张汤交好的商人田信，逼问出张汤泄露国策的罪行。上报给武帝后，武帝十分愤怒，张汤只好拔剑自刎。

张汤死后，家中只有五百金，母亲草草为他办了葬礼。武帝知道此事后，非常后悔，于是杀死了朱买臣、边通和王朝三人，庄青翟也在狱中服毒自尽。张汤死了，其他酷吏也先后被铲除。义纵被处死，王温舒因受贿被诛五族，只有赵禹保全了性命。

上一次张骞沟通西域并不顺利，但此时匈奴的属国乌孙发生了变故。乌孙国王有反抗匈奴的心思，武帝就命张骞前去西域联合乌孙，夹击匈奴。张骞抵达乌孙后，发现昆莫并不像传说的那样有反抗匈奴的决心。昆莫摇摆不定，张骞只好派遣麾下使者前往大宛、康居、月氏、大夏等地。等了许久，不见使者回来，张骞只好带着乌孙国王给

兔死狗烹，鸟尽弓藏

武帝的回礼，踏上回程之路。一年后，张骞派出的使者们才带着各国使臣陆续归来，此时张骞已经病逝。

西域形势一片大好，东南地区却起了祸端。南越王赵婴齐因纵欲过度，英年早逝。他的儿子赵兴即位，母亲樛氏成了樛太后。武帝得知这个消息后，就命使臣召母子入朝，归附大汉。南越国相吕嘉已是三朝老臣，德高望重，力劝赵兴不要归附汉朝。赵兴拿不准主意，就请樛太后定夺。

前去南越的使者中，有樛太后年轻时的情人安国少季。在安国少季的影响下，樛太后自然选择站在大汉这一边。吕嘉很不服气，樛太后也担心吕嘉坏了自己的好事，决定先下手为强。她在宫中设下酒宴，招待汉使，请吕嘉陪同。席间，樛太后突然取出长矛刺向吕嘉，没想到被赵兴阻止，吕嘉才得以全身而退。此时，吕嘉已经有了谋反的想法，但南越王赵兴并无歹意，这让吕嘉于心不忍。几个月后，汉朝派遣济北相韩千秋率兵来南越，吕嘉担心汉兵对自己不利，于是找来当将军的弟弟，率军攻入皇宫，杀死了樛太后、安国少季和赵兴。随后，他又攻入使馆，将汉使全部杀死。

韩千秋率军攻打南越，一开始很轻松地攻破了几座城池。后来才知道，这是吕嘉的诱敌之计。在距离南越都城四十里的地方，他遭遇了埋伏，全军覆没。武帝大怒，命路博德为伏波将军，杨仆为楼船将军，严为戈船将军，甲为下濑将军，前去攻打南越。

杨仆作战勇猛，路博德智计百出，两军很快就将南越军打得大败。没多久，吕嘉就被抓住处斩。严和甲尚未抵达南越，叛乱就已经被平定。南越被分成南海、苍梧、郁林、合浦、交趾、九真、日南、珠厓、儋耳九郡。路博德被封为符离侯，杨仆被封为将梁侯。

几个月后，河东太守禀告武帝，汾阴后土祠挖出大鼎。后土祠刚刚兴建，就有大鼎出现，这显然是人造的祥瑞，用来哄骗武帝。但武帝很吃这一套，认为是后土娘娘显灵，就把大鼎接进甘泉宫，将其称为宝鼎，并亲自作了一首《宝鼎歌》。

> **蔡公曰** 张骞之凿空西域，后人或力诋其过，或盛称其功。吾谓凿空可也。凿空西域，乃徒以厚赂相邀，并未知殖民政策，是第耗中国之财，而未收拓土之效，宁非有损无益乎！惟断匈奴之右臂，使胡人渐衰渐弱，不复为寇，亦未始非中国之利。然则骞有过，骞亦未尝无功，谓其功过之相抵可耳。

实力不够，兵力来凑

武帝得到宝鼎之后，许多方士跃跃欲试，想要讨好武帝。公孙卿胡乱写了一本《札》献给武帝。武帝得此书很是开心，马上就召见了公孙卿。公孙卿见到武帝后，更是大肆奉承，表示宝鼎出世说明大汉兴盛，应该封禅。

武帝向公孙卿询问黄帝是怎样封禅的，公孙卿就把黄帝乘龙登天的故事讲了一遍。武帝听得入神，最后叹息说，自己可做不到像黄帝一样抛下妻儿登天。随后，公孙卿被封为郎官。

武帝是非常迷信的，对成仙、长生有着强烈的追求。早在公孙卿之前，他已经大肆封赏过李少君、少翁、栾大等方士。李少君自称有炼砂成金之术，但在炼制过程中，李少君就去世了。武帝怀疑李少君是兵解成仙，而不是死去。

李少君死后，齐人少翁取代了他的位置，每天与武帝谈论鬼神，武帝深信不疑。武帝希望少翁能为他引荐些神仙，少翁满口答应，却迟迟做不到。一天，武帝去甘泉宫见少翁，有人牵来一头牛。少翁说，牛肚子里有书信，剖开一看，果然有一封帛书，上面写着些怪话。武帝反复观看，也没有看出什么头绪。突然，武帝察觉自己好像被骗了。

于是，他抓住牵牛来的人细细审问，果然是少翁安排好的。少翁以欺君之罪被处斩。

少翁之后，乐成侯又给武帝推荐了少翁的师兄弟栾大。栾大自称能招来仙人，炼制不死药。武帝对他有求必应，先后赏赐黄金超过十万斤，将军官衔连封三个，还封了爵位，把和卫子夫生的公主也嫁给了栾大。几个月后，栾大还是没能兑现自己的任何承诺，包括招来神仙。武帝再三催促，栾大才收拾行装前往海边。武帝暗中派使者跟踪栾大，发现他到了泰山以后只是跪拜祈祷，并没有出现神仙。祈祷完了，他就在海边游玩了几天。武帝大怒，栾大回来之后直接就被打进了死牢。

武帝先后杀了少翁和栾大，为什么只对公孙卿格外宽容呢？武帝好大喜功，像黄帝一样封禅泰山的事很符合他的心意。愿意提出这个意见的，只有公孙卿而已。之后，武帝亲自制定了封禅泰山的种种礼仪，等着四海平定后就封禅泰山。在接下来的一段时间，武帝到处游览，找寻仙人，但始终无果。就在此时，辽东起了战乱。

辽东朝鲜国已经传了四十一世，朝鲜王右渠诱招汉人去朝鲜，又阻止汉使，直到武帝派遣使者涉何前往辽东，才见到一个朝鲜小贵族。小贵族受命把涉何送回去，涉何为了立功杀死那个小贵族，谎称朝鲜不服。武帝命涉何做辽东都尉，涉何开开心心地上任了。没想到，朝鲜为了给小贵族复仇，杀入辽东，斩杀涉何。武帝震怒，把天下所有的死囚充作士兵，派遣杨朴和荀彘带兵讨伐朝鲜。

杨朴率领前军先与朝鲜军相遇了，由于兵力相差悬殊，被打得大败。荀彘也与朝鲜军交战数次，没能取胜。武帝得知此事后，就派卫

实力不够，兵力来凑

山前去劝降。右渠也知道，自己小胜不过是侥幸，继续打必败无疑，于是派遣太子前去见卫山。卫山胆小，告诉朝鲜太子不得带兵。朝鲜太子也害怕遭遇埋伏，只好赶回朝鲜。劝降失败，全是卫山的过错，于是卫山被处斩。

荀彘麾下的士兵多来自燕赵之地，作战勇猛无畏。杨朴麾下的士兵都是齐人，前军失败后就不敢再战了。于是，荀彘发动猛攻，连破数座城池，直逼王险城下。杨朴也调兵与荀彘会合，但却不参与攻城。右渠见二人不和，就一边和杨朴谈投降，一边与荀彘作战。武帝听说此事，就派济南太守公孙遂前去朝鲜督战。

公孙遂抵达朝鲜，得知当前的情况后，就和荀彘把杨朴抓了起来，命令杨朴麾下的士兵听荀彘的号令。两军合并后，荀彘很快就指挥军队猛攻。朝鲜群臣见有性命之忧，慌了手脚，赶紧召集众人，杀死右渠，向汉军投降，辽东被平定。

公孙遂先一步回京，荀彘押着杨朴随后才到。抵达京城的时候，荀彘居然听说公孙遂被诛杀了。原来，武帝恼怒公孙遂和荀彘擅自拘禁大臣，降罪于公孙遂和荀彘。延误军机、打了败仗的杨朴，居然因为之前的功劳保住了性命，被贬为平民。

东边战事平定，西方战事又起。楼兰、车师两国私通匈奴，被赵破奴率军攻破。乌孙见汉朝如此强大，对之前没有答应张骞结盟深感后悔，赶紧派遣使者去汉朝，表示愿意结盟。武帝很高兴，就把江都王刘建的女儿嫁给乌孙国王和亲。

太初元年（前104），出使西域的使者告诉武帝大宛国贰师城有宝马。武帝就命人用黄金铸成一匹马，又加了一千金，让使者前去交换。

不料，大宛王拒绝交换，还命人把金马砸碎。使者回程的途中，居然被匈奴士兵劫杀，人财两失。武帝大怒，马上命人出征大宛。此时卫青和霍去病都已经病死，他只好命宠妃李夫人的哥哥李广利为贰师将军，率军出征。

曾有使者告诉武帝，大宛国力很弱，有三千士兵就能攻下。武帝为了给李夫人的哥哥镀金，给他派了骑兵六千、步兵数万。没想到，西域各小国都不肯给汉军提供粮草，李广利又缺少领军的才能，做不到攻破这些小国以战养战。汉军一路渴死、饿死不计其数，抵达郁成国的时候就只有几千人了。眼下已无路可走，他只好率军攻打郁成。汉军大败，折损半数士兵。李广利只好上书朝廷，请求退兵。

原本只需三千人就能摆平的国家，李广利带着几万人被打败。武

实力不够，兵力来凑

帝大怒，告诉李广利，他麾下的一兵一卒都不能进入玉门关，否则立即斩首。李广利只好驻守敦煌，等待事情好转。

武帝认为，大汉被小小的大宛击败实在太丢脸了，就打算增加兵力再次征讨大宛。此时匈奴却来了密使，说左大都尉愿意杀死单于，投降汉朝，请朝廷发兵相助。武帝派赵破奴出兵帮助左大都尉，不料事情败露，左大都尉被单于诛杀。赵破奴急忙退兵，却被匈奴人追击。击败追兵后，汉军就放松了警惕，没想到匈奴还有援军。赵破奴被抓，汉军死伤过半，剩下的都投降了匈奴。

面对大败，武帝更不愿意被人轻视，于是派骑兵六万，步兵七万，支援李广利。李广利得了大军，杀回西域。途中的小国不敢再轻视汉军，纷纷献出食物和水，只有轮台紧闭城门。李广利率军攻破轮台，屠城后又攻入大宛。大宛见无法抵挡，就向康居求援。外城被攻破，康居的援军还没有到。大臣们杀死大宛王，向汉军投降。

康居听闻大宛被攻破，不敢出兵支援。之前打败李广利的郁成王不肯投降，还劫杀了汉军校尉。新仇旧恨加在一起，李广利马上派兵攻打郁成。城池很快就被攻破，郁成王逃往康居。康居王不敢收留郁成王，把他抓起来送给汉军。李广利大仇得报，带着缴获的宝马回京。

李广利折损士兵十几万，花了四年时间，只取回一些好马。看在他妹妹的面子上，武帝还是封他为海西侯。从那以后，西域各国都知道大汉强盛，纷纷派子女进京为质。武帝认为，大汉声威已经远播西域，是时候再次讨伐匈奴了。

蔡公曰 好神仙，不得不劳征伐，彼之希冀长生者，无非为安享奢华计耳。设非拓大一统之宏规，为天下雄主，则虽得长生，亦何足喜！故不同者其迹，而相同者其心也。朝鲜之灭，荀彘功多罪少，而独诛之；虑其专擅之为患，故用法独苛。乌孙之和，建女上书求归，而独阻之，欲其祖孙之世事，故渎伦不恤。至若征宛一役，则更为求马起衅，阅时四载，丧师糜饷不胜计，乃毫不之惜，反以良马来归，诩诩作歌。其心术尤可概见矣！语曰：止戈为武，武帝之得谥为武，其取义果安在乎？

苏武牧羊，太子伏诛

武帝打算再次征讨匈奴，但此时已是冬季，天气寒冷，难以出征。春天结束，汉武帝做好了出征匈奴的准备。有使者路充国从匈奴归来，武帝赶紧召见，询问情况。此前，两任匈奴单于都非常短命，国内动荡，担心汉朝趁机进攻，就护送使者路充国等人归来，放低姿态求和。武帝和丞相公孙贺商议之后，决定接受匈奴的求和。前去匈奴执行这个任务的，就是苏武。

苏武是平陵侯苏建的次子，苏建因征伐匈奴不利被贬为平民。后来，他当上了代郡太守，不久就病死了。苏武受命出使西域，觉得此行凶多吉少，就提前与家人、亲友诀别，之后带着一百多名士兵前往匈奴。

抵达匈奴后，他才知道匈奴单于并非真心想要求和，只是缓兵之计罢了。见苏武带着金银前来，他们表现得非常傲慢。苏武没有办法，只好等着匈奴让他们回去。李夫人的哥哥李延年曾把一个叫卫律的胡人推荐给武帝，作为慰问匈奴的人选。结果李延年犯罪被囚，卫律害怕回到大汉后被牵连，干脆投降匈奴。

此时为匈奴出谋划策多年的中行说已死，他们非常需要一个熟悉汉朝情况的人，于是卫律就被封为丁灵王。卫律的侍从虞常跟随卫律，被迫投降匈奴，内心很不愿意。他与浑邪王姐姐的儿子缑王心意相投，打算杀死卫律，一起归汉。和苏武一起来的副中郎将张胜与虞常认识，虞常就请张胜入伙。张胜好大喜功，居然打算抛下苏武自己做这件事情。虞常、张胜等人，打算在单于打猎的时候动手。

没想到，参与的七十多人里，有人把此事告诉了单于。单于马上进行抓捕，缑王战死，虞常被抓，张胜害怕才把事情告诉苏武。苏武大惊，心知此事自己必会受牵连，与其被匈奴人侮辱，不如拔剑自刎。张胜等人把剑夺下，苏武才安然无恙。

虞常受不了拷问，供出了张胜，张胜更是个软骨头，直接投降了匈奴。苏武没有参与行刺，单于就派卫律逼迫苏武投降。苏武不肯投降，再次自刎。卫律慢了一步，苏武割破脖子，血流满地，昏死过去。幸好医生医术高超，苏武被救活了。

因为苏武表现得忠诚刚烈，单于很是欣赏，一心想要让苏武投降。但不管卫律如何，苏武都不肯投降，反而怒斥卫律说："你身为臣子，忘恩负义，我不屑于见你！单于让你断案，你却包藏私心，挑衅我。你想想，南越杀了汉使，国家灭亡；大宛杀了汉使，国王死了；朝鲜杀了汉使，也被灭国；眼下，只有匈奴还没有这样做。你明知道我不肯投降，还逼迫我，我死了，匈奴就惹上了祸患，到时候，你能幸免吗？"卫律无言以对，只好回禀单于。单于见威逼利诱苏武都无济于事，只好将他软禁起来。

苏武被软禁，没人给他送吃喝。他渴了就抓一把雪，饿了就薅毡子上的羊毛吃。单于见苏武不肯求饶，又把他送到北海，告诉他什么

苏武牧羊，太子伏诛

时候公羊给小羊喂奶，他就什么时候能回去。可怜苏武孤身一人，在北海这样荒凉的地方，与羊为伴，只能吃老鼠和草根。即便如此，他仍然把象征使节身份的符节保护好，日复一日，年复一年。

> 生当复来归，死当长相思。

苏武被抓后，武帝就派李广利带兵三万，攻打匈奴。李广利与匈奴交战，小胜一场，随后又被打得大败。后来，武帝又派遣公孙敖、路博德，以及李广的孙子李陵率军攻击匈奴。武帝命路博德接应李陵，路博德却认为自己地位在李陵之上，不愿意接应，并上奏武帝说，此时不是出击匈奴的好时候，让李陵慢慢侦察更好。武帝以为李陵反悔了，于是就派李陵到东浚稽山侦察。没多久，李陵和麾下的五千士兵就不见踪影了。随后，武帝就听到了李陵被匈奴俘虏投降的消息。

李陵全家被捕入狱，大臣们也责怪李陵没有骨气，不能战死沙场。只有司马迁仗义执言，但触怒了武帝，被判处宫刑。

不久，武帝再次派李广利、公孙敖、路博德出兵匈奴。武帝听说李陵投降匈奴只是诈降，希望公孙敖能带他回来。没想到，李广利与匈奴人交战数次不能获胜，路博德遇到李广利后，两军就联合回程了。公孙敖遇到匈奴左贤王，见打不过也赶紧撤兵了，根本没有执行武帝接应李陵的命令。他知道无法复命，居然捏造事实，说李陵一心侍奉匈奴，不想回来。武帝大怒，杀死李陵全家。李陵得知此事后，悲痛欲绝，真的投降了匈奴。匈奴单于见李陵有一身好才华，将女儿嫁给了他。从那以后，卫律与李陵，一文一武，辅佐匈奴，成为匈奴重臣。

因为武帝穷兵黩武，国库空虚，开始在民间大肆搜刮。百姓为了活命，不得不揭竿而起，沦为盗贼。绣衣使者是汉武帝麾下的秘密警察。有绣衣使者报告武帝，说赵王刘彭祖的门客江充就在长安。江充告发赵国太子刘丹与姐妹通奸，刘丹被逮捕，虽然后来被赦免，但无法继任赵王。

武帝见江充容貌壮伟，就封他为使者，负责督查勋贵大臣们。江充查办了不少勋贵，越来越得武帝信任。此时武帝已经六十几岁了，担心自己寿数将近，越发信任方士，想要延年益寿。他尝试了不少办法，但都没有延年益寿。不过，这并非没有好处，即便年老，武帝仍痴迷女色。在河北巡游的时候，他见到有一股青紫之气。方士说此地有奇女子，武帝便派人察访，果然在赵家找到一个女孩。

女孩天生双手握拳不能伸展。当武帝亲自尝试去掰的时候，他发现女子手中握着一支玉钩。于是，武帝将她带回宫中，封她为钩弋夫人。一年后，钩弋夫人怀孕，十四个月后，生下一个名叫刘弗陵的男孩。

征和改元，武帝患病，精神不振，还经常做噩梦。江充问安时得知此事，就说有人用巫术害武帝。于是，武帝命令江充查办。江充手握令箭，便带着几个巫师四处诬告他人，有不招的，便严刑拷问。太子刘据性格忠厚，经常为百姓出头，年轻时深受武帝喜爱，但年纪越大，表现越是平庸。卫子夫年老色衰，不得武帝欢心。因此，母子二人失去了武帝的宠爱。

江充弹劾过太子家人，后来见江充无端陷害官民，太子对江充的怨恨越来越多。江充也明白太子不喜欢他，眼见武帝越来越老，他开始担心武帝驾崩后，太子当了皇帝，会杀死自己。于是，他在太子和皇后的宫中埋下大量木偶，又在太子宫中放了帛书，在上面写些大逆不道的话。随后，他带人搜查，把自己暗中布置的罪证拿给武帝。太子很害怕，就向太傅石德问计。石德献计说，此事必是江充陷害，与其坐以待毙，不如先发制人逮捕江充。太子不敢，石德又说，奸臣肆意妄为，就是因为武帝在甘泉宫养病，不能理事。此时还不行动，难道要学公子扶苏吗？刘据便狠下心来，假传圣旨，抓住了江充。

太子抓到江充以后，便下令把江充处斩。江充的同党苏文赶紧去甘泉宫报告武帝，说太子造反。武帝认为，太子宫中挖出许多木偶，一定是迁怒江充，应该把太子找来问问，随后就派侍臣去找太子。侍臣也是江充同党，在苏文的授意下，谎称太子造反，不肯前来。武帝大怒，派遣丞相刘屈氂去抓太子。

太子听说以后，赶紧假传诏令放出城中全部囚犯，让手下宾客带着囚犯与丞相作战。随后，他又放出消息，说武帝病危，奸臣作乱，自己是去征伐奸臣。长安百官不知道丞相和太子究竟谁才是听武帝命令的，只能按兵不动。双方激战三天后，才有武帝抵达建章宫的消息。

百官这才知道是太子造反了,开始跟着丞相讨伐太子。太子的部下越来越少,他只好逃出长安。

太子逃出长安后,武帝就派人收回了卫皇后的后印,卫皇后上吊自杀,卫家全族都被判处死刑。太子跟两个儿子逃到湖县一处农家,农家家境贫寒,昼夜不停编制草鞋供养太子。太子觉得很惭愧,于是就给湖县一个富有的朋友写信求助。没想到,这一举动走漏风声,太子父子被新安令李寿带兵团团围住。太子见无路可逃,只好自杀,两个儿子也被杀死。

事后,武帝派人细细察访,才得知太子造反是被江充逼迫的。高寝郎田千秋上疏为太子喊冤,武帝见田千秋身材高大,仪表堂堂,说起太子的冤情时声情并茂,就被说动了。他封田千秋为大鸿胪,下诏诛灭江充全家,江充的同党苏文也被烧死。后武帝在湖县修建了一座思子宫,以表示哀悼。

> **蔡公曰** 试思夷人多诈,反覆无常,岂肯无端言和?苏武去使,已为多事,若李陵部下,只五千人,身饵虎口,横挑强胡,彼即不自量力,冒险轻进,武帝年已垂老,更事已多,安得遽遣出塞,不使他将接应,而听令孤军陷没耶?苏武不死,适见其忠;李陵不死,适成为叛。要之,皆武帝轻使之咎也。武有节行,乃使之困辱穷荒;陵亦将才,乃使之沉沦朔漠。两人之心术不同,读史者应并为汉廷惜矣。

做皇帝的代价

武帝此时已年过七十,六个儿子中除了死去的太子刘据外,还有齐王刘闳、昌邑王刘髆、钩弋夫人的儿子刘弗陵、燕王刘旦和广陵王刘胥。太子死后,他们都有机会成为继承人,自然开始了争斗。李广利希望外甥昌邑王刘髆能成为太子,丞相刘屈氂是李广利的儿女亲家,也支持刘髆。

征和三年(前90),匈奴入侵,李广利率兵前去讨伐。临行前,李广利把扶刘髆上位的任务交给了刘屈氂。李广利讨伐匈奴还没结束,就有人告发李广利与刘屈氂密约立昌邑王为帝,刘屈氂的夫人还让女巫诅咒武帝。武帝大怒,将刘屈氂和他的夫人腰斩,李广利的夫人也被关入监牢。

李广利得知此事后,便打算击败匈奴将功赎罪。但此时他急功近利,乱了作战的章法,不可能成功。果然,抵达燕然山扎营休息的时候,他们遭遇匈奴人夜袭,被打得大败。李广利投降匈奴,这才逃过一死。匈奴单于听说李广利是汉朝大将,便特别优待他,还把女儿嫁给了他。但单于的优待,让卫律生出嫉妒之心。

一年后,单于患病,医治无果。卫律便买通巫医,说李广利多次入侵匈奴，得罪了天神，应该用李广利祭祀天神请罪才行。死前，李广利大怒说："我死后必灭匈奴。"果然，匈奴连日下大雪，牛羊牲畜冻死无数。单于认为是李广利作祟，赶紧为李广利建立祠堂。

李广利投降匈奴，李家满门都被杀死，公孙敖、赵破奴等人也被迁怒。征和五年（前88），武帝再次改元，称为复元元年。田千秋认为，武帝连年用刑，中原内外不安。他上疏武帝，希望武帝能施德减刑。武帝没有听他的话，但却明白田千秋是什么意思，封田千秋为丞相。

夏季到来，天气炎热，武帝到甘泉宫避暑。一日，他突然听见外面有响动，出来探视才发现是金日䃅在和马何罗扭打。通过审问才得知，马何罗和其兄长马通曾带兵攻击太子刘据，如今刘据平反，马何罗担心被清算，于是就起了刺杀武帝的想法。当日怀揣利刃前来刺杀，不巧被金日䃅撞破。

这件事情让本就生病的武帝心神更加不宁，于是就生出托付后事的想法。在众儿子中，他最喜欢的就是小儿子刘弗陵，但他的母亲钩弋夫人年纪还轻，要是刘弗陵当了皇帝，钩弋夫人必定干涉朝政，恐怕会变成第二个吕后，必须找一个能托孤的大臣，才能保证朝纲不被祸乱。武帝心中最可靠的只有金日䃅和霍去病的弟弟霍光。金日䃅虽然忠厚可靠，又有能力，但终究是个匈奴人，于是霍光成为最好的人选。

武帝把一幅图画给了霍光，霍光回家打开一看，上面画着周公辅佐成王的图画，马上就明白了他的意思。武帝见霍光与自己心照不宣，便找了个理由赐死了钩弋夫人。

又过了一年，武帝遭了风寒，居然一病不起。他命令侍臣拟招，奉刘弗陵即位，是为昭帝，封霍光为大司马大将军，金日䃅为车骑将军，上官桀为左将军，与丞相田千秋、御史大夫桑弘羊一起辅政。第二天，武帝就驾崩了。

刘弗陵即位时年仅八岁，所以大小事情都由霍光负责。霍光追尊钩弋夫人为皇太后，谥先帝为孝武皇帝，大赦天下。一年后，改元为始元元年。

燕王刘旦聪慧博学，得知父亲居然立年仅八岁的刘弗陵为帝，心中非常不服，就有了联合中山哀王的儿子刘长、齐孝王的孙子刘泽谋反的想法。他安排刘泽写檄文，说刘弗陵登上皇位是大臣们自己决定的，不是武帝的意思，应该天下人共同讨伐。没想到，刘泽抵达齐国的时候，居然被刺史隽不疑抓住，谋反之事败露。霍光因为昭帝刚刚登基，只叫刘旦进京谢罪。

金日磾没多久就因重病去世了。武帝托孤的重臣霍光和上官桀两人为儿女亲家。四年后,昭帝十二岁,上官桀就想把自己的孙女、霍光的外孙女,嫁给昭帝。霍光认为外孙女此时刚刚六岁,还太小,并不合适,这让上官桀很是不满。

一直照顾昭帝的是盖长公主,长公主与门客丁外人勾搭成奸。上官桀的儿子上官安想让盖长公主帮忙劝说,就走了丁外人的门路。丁外人吹的枕头风果然有效,没多久,上官安的女儿就入宫被立为皇后,上官安也升迁为车骑将军。

上官安很感激丁外人,就想为他谋个爵位。他数次找到霍光,向霍光推荐丁外人。霍光本就不想让上官安的女儿成为皇后,丁外人更是无才无德,于是就回绝了上官安。上官安请父亲上官桀说情,霍光还是不为所动。上官桀觉得很没有面子,与霍光的关系越来越差。

匈奴单于狐鹿姑病死,他的妻子不顾单于遗命,让儿子壶衍鞮做了新的单于,这让狐鹿姑的兄弟们十分不满。为了保证匈奴稳定,他生出了与汉朝结亲的想法。汉朝使者给出的条件是,让苏武和他的随从回来。此时,苏武已在北海牧羊十九年了。

匈奴不愿意放苏武回去,就谎称苏武已经死了。幸好随从常惠聪明,买通了匈奴官员,告知汉使苏武还活着的消息,并献上计策。

第二天,汉使再次向壶衍鞮单于提出要苏武,单于仍旧回答苏武死了。汉使生气地说:"单于不要再骗我了。大汉天子在上林苑里射下一只大雁,大雁脚上绑着一封帛书,书上苏武亲笔写着自己如今在北海牧羊。"单于大惊失色,以为苏武的忠心居然感动了鸟兽,这才松口要放苏武回国。

苏武回国本是一件好事,没想到,一年之后,苏武的儿子苏元就被卷入了朝堂争斗中。

> **蔡公曰** 太子据死，刘屈牦及李广利一诛一叛，是正所以促武帝之悔心，使之力图晚盖。意者天不亡汉，乃特为此种种之刺激欤！综观武帝生平，多与秦始皇相类，惟初政时尚有可观，至晚年轮台一诏，力悔前愆，更为秦皇之所未闻。武帝有亡秦之失，而卒免亡秦之祸者，赖有此耳！且命立少子，委任霍光，顾托得人，卒无李斯、赵高之祸，斯亦武帝知人之特长。本书叙武帝事迹，视他主为详，而于秦皇异同之处，隐隐揭出，明眼人自能体会，固不在处处互勘也。

繁华下的内忧外患

因为霍光拒绝为丁外人封侯而心生怨恨的，不仅有上官桀父子，还有盖长公主。他们相互勾结，准备对霍光动手。霍光却对此完全不知晓，依旧我行我素。之后，太医监充国无故入殿，按律当诛。上官安外祖父与充国交好，于是和上官桀一起请求霍光，霍光还是不肯。最后是盖长公主出面，献上二十匹马才免于死罪。从那以后，盖长公主和上官一家关系更加密切，也更加怨恨霍光。

燕王刘旦因为隽不疑谋反失败，而隽不疑又受到霍光重用，因此也恨上了霍光。除此之外，霍光还撤销了专卖酒的官员。御史大夫桑弘羊的子弟失去职位，想要另谋出路又被霍光限制，也恨上了霍光。此时，想要让霍光倒台的人已经有了很强大的力量。

始元七年（前80），昭帝十四岁，次年改元为元凤。霍光去广明校阅羽林军，上官桀和桑弘羊趁机伪造燕王奏疏，弹劾霍光。没想到，昭帝非常聪慧，马上就识破了这是诬告。他告诉霍光："朕知道你无罪，因为你到广明往返不过十天，燕王居住在蓟地，怎么可能知道呢？何况大将军要是想要行叛逆之事，何须动用校尉？"

上官桀和桑弘羊见事情败露，非常慌张，把上疏的人藏了起来。昭帝不依不饶，要求把案子查清，上官桀以此事很小，不值得追究为由劝说。昭帝聪慧，又岂能被欺瞒，反而察觉了上官桀有二心，开始疏远他。上官桀越是说霍光的坏话，昭帝就越是讨厌他。

上官桀见昭帝不动摇，就谋划着杀死霍光，废掉昭帝，引诱刘旦入京。接着，只要杀死刘旦，自己就能当皇帝了。他把计划告诉盖长公主，除了杀死刘旦自己当皇帝的部分。盖长公主认为可行，刘旦知道以后也很高兴。于是，他们决定由盖长公主请霍光吃饭，在席上行刺。

就在刘旦准备进京的时候，燕都里开始出现种种异状，时而天降暴雨，时而有吸光井水的彩虹，时而又有飞禽走兽在燕王殿前跳舞而死。刘旦吓坏了，找来门客占卜。门客告诉刘旦，今年九、十月间，会有大军围困，还会有汉朝大臣被杀。果然，马上就传来消息，上官桀父子谋逆败露。

原来，盖长公主的舍人知道了这个消息，告诉了父亲燕苍，燕苍告诉了搜粟都尉杨敞，杨敞告诉了谏议大夫杜延年，杜延年告诉了霍光，霍光又把事情告诉了昭帝。昭帝就命令田千秋把上官桀引诱到府门，将其斩杀。桑弘羊被杀，盖长公主自杀，丁外人也死了。苏武的儿子苏元参与谋逆，苏武被牵连，贬为平民。刘旦自知时日无多，便抓紧时间纵情亨乐。朝廷诏书到了以后，他便自缢而死。

霍光认为，大汉应该休养生息，不想再打仗。没想到，乌桓校尉说乌桓部落有叛心。在霍光犹豫的时候，投降的匈奴人又说乌桓入侵匈奴，还要挖掘前任单于的坟墓，匈奴打算发兵两万人，攻打乌桓。

霍光觉得表面攻打匈奴，背后对付乌桓是个不错的办法。于是，昭帝封范明友为度辽将军，示意他攻击匈奴的时候，匈奴如果撤退，就趁机攻打乌桓。范明友依计行事，果然大败乌桓。

除了范明友外,傅介子也立下了战功。西域的楼兰、龟兹两国反复无常,一边与大汉交好,一边又与匈奴来往。傅介子用财物诱惑楼兰王安归,趁不备将其杀死,随后又立在汉朝当多年人质的尉屠耆为王。楼兰从此改名为鄯善,再没有反叛汉朝。

昭帝十八岁的时候,田千秋病逝。接任田千秋丞相位置的是王䜣,王䜣也在一年后病逝。接下来担任丞相的是杨敞,杨敞做事谨小慎微,幸好有霍光操持国家大事。

元平元年(前74),天生异象,有大星带无数小星向西飞去。没多久,二十一岁的昭帝就患病驾崩了。此时皇后刚刚十五岁,没有给昭帝生下一儿半女,其他妃嫔也是如此。昭帝无后,大臣们就建议立武帝的儿子广陵王刘胥为帝。霍光认为,武帝都不肯让广陵王为帝,可见他不合适。昌邑王刘髆有一个儿子名叫刘贺,显然是更合适的。实际上,刘贺品行不佳,也不适合做皇帝。霍光这样说,完全是因为刘贺辈分小,一旦继承帝位,上官皇后就能名正言顺地做皇太后了。

刘贺当上皇帝以后，终日饮酒作乐，荒淫无度，霍光很是忧愁。于是，他和张汤的二儿子张安世商量，准备废掉皇帝。霍光召集群臣商议废立之事，大臣们纷纷表示，愿意遵从霍光的安排。

随后，霍光带领群臣去见十五岁的皇太后。皇太后没有主意，全听霍光的安排。于是，皇太后就带着一行人去见刘贺。霍光找了个由头支走刘贺从昌邑国带来的群臣，命羽林军把他们全都抓了起来。在刘贺拜见皇太后的时候，尚书令便在一旁大声宣读刘贺的罪名。念到一半，太后便怒不可遏，高声斥责刘贺。念完后，不等刘贺为自己辩解，她就下令废掉刘贺的帝位。

刘贺被废后，就被送回昌邑，虽给了他食邑两千户，但却削去了王位。朝政由太后暂代，继续商议另立新君的事情。

> **蔡公曰** 霍光之不死者亦仅耳！内有淫妇，外有权戚骄亲，圜起而谋一光，光孤而彼众，又当主少国疑之日，其危孰甚！幸而昭帝幼聪，首烛邪谋，以十四龄之冲人，能识燕王诈书，即以周成王视之，犹有愧色。光才智不若周公，而际遇比周为优，此乃天之默鉴忠忱，有以隐相之尔。上官桀父子，妄图篡逆，死有余辜。盖长公主淫而且恶，燕王旦贪而无亲，其速死也，不亦宜乎！范明友之破乌桓，傅介子之刺楼兰王，并得封侯，后人多轻视明友，推重介子，夫明友之得功，原非难事。介子以百人入虏廷，取番王首如拾芥，似属奇闻。然以堂堂中国，乃为此盗贼之谋，适足贻外人之口实，后有出使外夷者，其谁肯轻信之乎！宋司马温公之讥，吾亦云然。

牢狱里的真命天子

武帝的曾孙、刘据的孙子刘病已此时十八九岁,很有才能。光禄大夫丙吉向霍光建议,立刘病已为帝。霍光在与群臣商量后同意了。

刘病已在襁褓中时,就被刘据谋反案牵连,被投入狱中。正是丙吉去狱中时,看到刘病已的境况后,于心不忍,找了两个女囚照顾他,刘病已才活了下来。从那以后,丙吉对刘病已多有照顾,直到武帝驾崩后才回到京城。

刘病已入京后,由张汤的长子张贺照顾。因为刘据曾有恩于张贺,所以张贺很是尽心。在张贺的牵线下,刘病已娶了许广汉的女儿为妻。

刘病已登基,是为宣帝。宣帝很害怕霍光,霍光陪同拜见高庙时,宣帝坐立不安,张安世陪同时才能安心。不久,丞相杨敞病逝,霍光把八十多岁的御史大夫蔡义升为丞相。群臣都认为,霍光是想要独揽大权。

有了皇帝就要有皇后,群臣认为,霍光的小女儿很合适。宣帝听说以后,就派人把结发妻子许氏找了回来,立为皇后。他本打算封许广汉为侯,但由于许广汉当年受过宫刑,被霍光以不合规矩拒绝了。过了一年多,许广汉才被封为昌成君。

牢狱里的真命天子

宣帝改元，新年号为本始，群臣都有封赏。霍光专政许久，他的原配夫人东闾氏过世，又娶了婢女霍显。霍光很喜欢霍显，两人有一个女儿名叫霍成君。霍显一心希望霍成君能嫁给宣帝，当上皇后。不料，当上皇后的却是宣帝的原配许氏。霍显心中很是愤怒，居然生出把许皇后除掉的念头。

本始三年（前71），许皇后怀胎十月，即将分娩，身体不适，寝食难安。宣帝赶紧召集御医医治皇后，并招募女医前去照料。掖庭户淳于衍的妻子衍医术精湛，也被召唤入宫。霍显与衍相识多年，淳于衍便叫妻子入宫前向霍显辞行，说说好话，以便他能得到安池监的职位。

衍到了霍家后，霍显听说她要入宫侍奉皇后，便授意她毒死皇后。衍为了丈夫能得到安池监一职，就答应了下来。回到家中，她配好药物，藏在衣服里，进入皇宫。

许皇后生下一个女儿，虽母女平安，但身体状况欠佳，需要调理。衍把带来的药物混入御医制好的药丸中，给皇后服下。不久，药性发作，许皇后一命呜呼。

许皇后的死让宣帝非常悲痛，这时有大臣上奏，认为皇后的死是御医无能所致，应该严惩。宣帝马上批准，抓捕给皇后治病的御医和侍奉的女医。衍未经通报，私自出宫，前往霍家，告诉霍显事情已成，随后便打道回府。没想到，她刚进门就被抓住。衍性格刚强，多番审问也没有招供，和其他医官一起被关在监牢中。

霍显得知此事，惊慌失措，只好把事情告诉霍光。霍光听了大惊失色，责备霍显为什么不和他商量。霍显只好哭着说，现在后悔已经

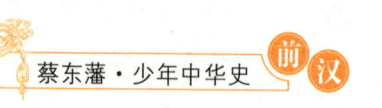

来不及了，先把衍救出来才是正事，否则衍一交代，霍家就完了。霍光入朝觐见宣帝，说皇后的死乃是上天注定，治罪医官，显得皇帝不仁慈。于是，宣帝便命人赦免医官，将皇后下葬。

许皇后已死，霍显便将霍成君送进宫中。宣帝见霍成君花容月貌，没多久就对她格外宠幸。一年后，霍成君成了新的皇后。

宣帝本始四年（前70），再次改元，第二年称地节元年。国内形势一片大好，宣帝便决定减轻刑罚。负责此事的是水衡都尉于定国。于定国被升为廷尉，他断案秉公无私，定罪从宽，人们常说，于定国做廷尉，百姓都觉得自己不冤。于定国为人儒雅随和，霍光也很喜欢他。

地节二年（前68）三月，霍光病危，卧病时写下一封谢恩书，要把食邑分出三千户给兄长的孙子霍山。宣帝封霍光的儿子霍禹为右将军，命群臣商量谢恩书中的事情。几天后，霍光去世。出殡的礼仪如同天子，谥宣成侯。墓前设置园邑三百户，派兵把守。

丞相按照霍光的谢恩书，打算把食邑分给霍山。执行前，宣帝又不忍心，便封霍禹为博陵侯，食邑不变；霍山被封为乐平侯，领尚书事。御史大夫魏相担心霍禹专政，就请宣帝封张安世为大司马，做霍光的继任者。张安世不敢领命，赶紧入宫推辞。最后，宣帝取消了张安世的大将军，命他为大司马车骑将军，领尚书事。从此，宣帝开始亲政。

霍显早在霍光没死时，就与仆人冯殷勾搭成奸，霍光死后，她更是肆无忌惮。霍禹、霍山、霍山的弟弟霍云非常骄纵，每日只知享乐，不把宣帝放在眼里。霍显进了皇宫，不管是去太后宫中还是皇后宫中，

牢狱里的真命天子

都像自己家一样，丝毫不遵守礼节。没多久，她就遭到许广汉的弹劾。

许广汉呈上的弹劾书是御史大夫魏相所写。当年有人弹劾还是河南太守的魏相滥用私刑，霍光就将其抓获，押解进京。魏相治理地方能力出众，深得民心，许多百姓联名上书，希望能赦免魏相。霍光只说要审问魏相，还没有定罪，如果魏相无罪，自然会被释放。然而，在魏相麾下做事的田千秋次子，告诉霍光自己害怕魏相的弹劾，让霍光觉得魏相心胸狭窄，不能容人，对魏相印象很差。魏相被送入监牢后，霍光没有找到他的罪证，他才得以幸免。

宣帝早就对霍家人不耐烦了，但念在霍光为大汉操劳多年的分儿上，才包容下来。见到魏相的书信，他马上就同意了。魏相又让许广汉进言，说应该废除吏民副封的规矩。原来，汉朝时期小吏、百姓上书，要有正、副两封书信。领尚书事先看副封，觉得事情不值得告诉皇上，正封就会被搁置。此时领尚书事的就是霍山，魏相担心他不肯上报奏章，才有这样的请求。宣帝从善如流，变革制度，让魏相做了给事中。

霍显知道此事后，觉得形势变化不利于霍家，于是叫来霍禹、霍云和霍山，痛斥他们不思进取，不能继承大将军的事业。如今，魏相已经是给事中了，如果有人进谏闲言，他们就没救了。但是，三人丝毫不以为意。

一段时间后，丞相韦贤告老还乡，魏相升为丞相，丙吉继任御史大夫。这二人对宣帝可谓忠心耿耿，并且能力出众。在这之前，霍家家奴与魏相家奴发生冲突，霍家家奴居然闯入魏相家中辱骂，直到魏相亲自出来赔礼，让家奴谢罪才肯罢休。此时魏相高升，霍显担心遭到报复。没多久，宣帝就把未登基时与许皇后生下的儿子刘奭封为太子，霍显就更加寝食难安了。

霍显为了让霍成君的儿子当上太子，居然故技重施，教霍成君毒死太子。霍成君听了霍显的话，数次赐食太子，并伺机下毒。早在许皇后死的时候，宣帝就有所怀疑，岂能不早做防备？因此，霍成君始终没能得逞。之后，宣帝越发觉得霍成君不喜欢太子，于是就与魏相商量，打算一举端掉霍家。

霍光的亲朋故旧遍布京城，霍光的女婿掌控军权的更是不在少数。于是，宣帝就把他们纷纷外放去做太守。随后，收回霍禹右将军的印信，让他做大司马。新一批掌控军权的是宣帝信任的张安世和许家子弟。

见霍禹失去军权，平日里对霍家看不惯的群臣们，纷纷上书弹劾。霍显认为这是魏相从中唆使，便想要找魏相的把柄。没想到，魏相做事公平清廉，根本没有把柄。霍山更是表示有谣言说霍家毒死许皇后，霍显这才把当年的事情向霍禹、霍山和霍云和盘托出。

既然事已至此，霍禹就生出废掉宣帝的想法。霍云舅舅的好友张赦献计，先让霍显去找上官太后，除掉魏相，剪除宣帝羽翼，之后的事情就好办了。没想到，此事被马夫们听见了。马夫们议论此事时，又被长安亭长张章听到。张章立刻上疏宣帝。宣帝下令抓捕张赦等人，后来又下令禁止抓捕。

宣帝的举动让霍家人得知自己的阴谋已经败露，便决定先发制人。霍光的许多女婿身居高位，霍显就派她女儿们去劝夫家一起造反，各夫家担心霍家被处理时自己遭受牵连，纷纷答应。

牢狱里的真命天子

霍家尚未造反,权势却越来越少。霍云的舅舅与诸侯王私自往来,霍云、霍山因此被免官。随后,宣帝又责问霍家女出入长信宫时非常无礼,霍家家奴做了许多不法之事,霍禹吓得连连谢罪。

地节四年(前66),宣帝又找到了外祖母王媪。大汉多了一门外戚,霍家更加式微。于是,霍禹与霍云、霍山设计,让上官太后请王媪饮酒,再把魏相、许广汉等人叫去,随后让范明友、邓广汉等人带兵杀入,将宣帝的帮手一网打尽。接下来,就可以废掉宣帝,让霍禹当皇帝了。

计划还没有实施,就被张章知道了。张章将此事告知了宣帝。宣帝立刻派人抓捕霍氏族人,范明友得到风声,马上去霍山家报告。霍

山自知插翅难逃，就与范明友、霍云一起服毒自尽了。霍显和霍禹被抓，霍禹被腰斩，霍显也被诛杀。除此之外，霍家的其他女儿、女婿、孙婿都被处死。被牵连的远近亲属多达上千家，只有金日䃅的后人金赏提前与妻子离婚才没有受到牵连。霍皇后被废，打入冷宫。

> **蔡公曰** 　　史称霍氏之祸，萌于骖乘，是骖乘一事，所关甚大。夫骖乘亦常事耳，张安世亦与谋废立，官拜车骑将军，更非常官；当其代光骖乘，宣帝得从容快意，何独于霍光而疑之。吾料霍光当日，必有一种骄倨之容，流露词色，令人生畏，此宣帝之所以踧踖不安也。悍妻霍显，胆敢私嘱女医，毒死许后，何一非由光之纵成。后人或比光为伊周，伊周圣人，岂若光之悖盭为哉？

边地狼烟再起

霍皇后被打入冷宫后一两年内，宣帝都没有立后。他有许多宠爱的妃嫔，但万一哪个有孩子的起了不该有的心思，谋害太子，又该怎么办呢？于是，他选了王奉光的女儿。王女没有儿子，性格贤淑。宣帝把太子交给她养育，并册封她做了皇后。

宣帝一直忙于肃清朝堂，忽视了外患。元康二年（前64），因之前派遣的使臣都不称职，宣帝任命郎官冯奉世为卫侯使，带着符节把西域诸国使臣送回国。冯奉世抵达伊循城时，听说莎车内乱，国王被杀，于是与副使严昌商议，认为莎车叛王大逆不道，将来会成为大患，应该出兵征伐。

严昌认为应该先派人上奏，等宣帝命令，冯奉世却认为，兵贵神速，事不宜迟。他假传皇帝旨意，征伐兵马一万五千人，进攻莎车。冯奉世的想法是正确的，叛王呼屠征自立为王后马上就攻击其他国家，逼迫他们一起造反。冯奉世出兵神速，在呼屠征毫无准备的情况下就攻到了城下。呼屠征自杀，头颅被百姓献上。冯奉世选了先王后人当王，把呼屠征的首级送去长安。

随后，冯奉世来到大宛，大宛国王很尊敬他，赠送给他许多礼物，其中就包括许多宝马。宣帝大喜，丞相魏相等人也上奏说，官员到了外疆，只要对国家有利，不妨擅自做主。冯奉世功绩显著，应该封侯。但少府萧望却认为，冯奉世接到的命令是送使者回国。他竟然敢假传旨意，擅自出兵莎车，虽然侥幸获胜，但并不合法。如果封侯，那么以后出使他国的人，必定会学冯奉世以获取更大的功劳，国家要面对的事情就多了。宣帝此时正要巩固君权，冯奉世回来的时候就被封为光禄大夫，没有封侯。

莎车的事情刚刚结束，车师又出事了。侍郎郑吉在西域监督渠犁城开垦土地的士兵，他派出三百士兵到车师开垦。没想到，这一举动惹怒了匈奴。匈奴数次派兵前来攻击，郑吉能动用的只有一千五百名士兵，敌不过匈奴，被围困在车师城中。

郑吉上书朝廷，请求增援。后将军赵充国认为，在渠犁开垦土地，就是为了抵御匈奴入侵。但是，渠犁距离车师有一千里，与其前往救援，不如攻击匈奴，逼匈奴回援。到时候，车师和渠犁城都会安然无恙。这个想法被魏相否定了，最后由长罗侯常惠带领酒泉、张掖两地骑兵前去救援，救回了郑吉。郑吉回到渠犁，但车师的土地又被匈奴占领了。

西域战事结束后，国内外都很安稳。宣帝这时候就起了和武帝一样祭祀宗庙的想法。他听信方士的话，花费大量金钱修筑神庙。谏大夫王吉进谏，请求宣帝不要只用皇亲国戚，要多找些贤能的人才，勤俭节约，不要迷信。宣帝认为，王吉太过迂腐，就没有听信他的话。王吉无奈，只好称病，告老还乡。

益州刺史举荐蜀人王褒，说王褒有才能。宣帝召见，命王褒当场作一篇"圣主得贤臣"颂。王褒写了些陈词滥调，宣帝对其很不以为然。王褒见自己不能以才华打动宣帝，就改为溜须拍马，这才让宣帝开心起来，被封为谏大夫。

有方士进言说，益州有金马、碧鸡两宝，是神明掌管的宝物。宣帝命王褒前去祭祀，王褒也认为是衣锦还乡的好机会，就接下了命令。金马和碧鸡不过是两座山的名字，王褒去祭祀，既没见到神迹，也没看见宝物，反而因为中了暑气，死在了路上。这件事情让宣帝醒悟，自己不该迷信，于是把方士们遣散了。

就在此时，先零羌人酋长杨玉驱逐汉官，入侵汉朝边境。羌人是三苗后裔，有多个部落，其中以先零和罕邗两个部落最为强大。汉武帝开辟河西四郡后，为防止羌人依附匈奴，便将他们驱逐出境，不许他们住在湟中。宣帝即位后，光禄大夫义渠安国负责监视羌人。义渠安国也是羌人，因为祖父在汉朝为官，才得了恩惠。先零人听说义渠安国也是羌人，就去祈求，希望能让他们回到湟中放牧。

义渠安国替羌人上奏，被后将军赵充国弹劾。赵充国是陇西人，知道羌人狡诈，认为羌人一旦回到湟中就会叛乱。宣帝拒绝了羌人的要求，并召回了义渠安国。先零人大怒，召集其他羌人，准备一边请匈奴援助，一边入侵汉朝。赵充国得知信息后，告诉宣帝，秋天马料充足，就是羌人造反的时候，应该派人提前戒备，并且告诉其他羌人不要中了先零的诡计。魏相认为，既然义渠安国在那里待过，那正好合适。

义渠安国抵达羌人居住地后，杀死了先零三十多个有较大势力的人。这一举动激怒了已经归附汉朝的归义侯杨玉，他马上起兵攻击义渠安国。义渠安国手下只有三千士兵，只能逃跑，向朝廷请求增援。

对于进攻羌人，赵充国自是当仁不让。他抵达金城后，带领一万兵马，在夜里悄悄渡河。随后，开始养精蓄锐，对羌人的挑战置之不理。随后数日，他们都在夜里悄悄赶路，一直来到西部都尉府，这才安稳下来。赵充国每日都在府中与将士宴饮，不管羌人如何挑战，都闭门不出。羌人部队后撤的时候，他才派出轻骑追击。从抓到的羌人口中，赵充国得知，连日来没有战事，羌人已经互相埋怨，有内乱的征兆了。

先零与罕羌本就是仇敌，因为先零想要叛汉，才与罕羌讲和。罕羌酋长靡当儿对先零的话不敢全信，就派弟弟雕靡来西部都尉告密。果然，几天后，先零就谋反了。都尉得知雕靡麾下有私通先零的人，就把雕靡抓住了。

赵充国得知此事后，放了雕靡，安慰他说只要与谋反的人断绝关系，就能保命。大汉天子还命令他们诛杀叛党，杀大头目得钱四十万，杀中头目得钱十五万，杀小头目得钱两万，杀壮丁得钱三千，杀女子、老人或诱饵得钱一千。一切缴获，都由他们自行分配。雕靡喜不自胜，马上就离去了。

随后，汉朝又增兵六万，屯兵边疆。酒泉太守辛武贤好大喜功，请求出兵攻打罕羌。赵充国认为，辛武贤劳师远征，并不能取胜，更何况罕羌还没有参与叛乱，应该先集中力量对付先零。只要先零被剿灭，罕羌就会不战而降。没想到，赵充国的计谋没有得到群臣认可，他们认为先攻破罕羌，先零势单力孤，更容易被消灭。于是，宣帝命乐成侯许延寿为强弩将军，辛武贤为破羌将军，攻打罕羌。赵充国再次上疏说明情况，宣帝才采用了赵充国的计策。

先零认为，赵充国只会防守，没想到他却主动出击，先零人只能仓皇逃走。将士们请求追击先零人，赵充国却说，先零人已经走投无路，逼得太紧只能让他们拼死一搏。追到湟水附近时，汉军加紧攻势。先零人多船少，许多人被挤到河里淹死了。十多万牛、马、羊，四千多辆车，被汉军缴获。

赵充国取胜后，命士兵连夜进军，彰显汉军威势。罕羌见汉军勇猛，果然来到赵充国军营，全族投降。赵充国还想继续追击先零，却因为患病，停下脚步。宣帝派破羌将军辛武贤为副将，与赵充国在冬季一起进兵。

就在此时，先零也先后有一万余人投降。赵充国顿时打消了追击的念头，认为只要安抚先零，就能让其不战而降。他上疏禀告，希望撤掉骑兵，只留一万人分散屯田，进行防守就好。群臣纷纷反对，认为赵充国难成大事。赵充国又数次上疏，表明先零精兵只有七八千人，如今已分散各地，饥寒交迫，明年春天战马瘦弱，更没有战力，不足为虑。如今，乌桓、匈奴对大汉边境虎视眈眈，应该及早防备，不能因为羌人的事情顾此失彼。

赵充国先后三次上疏，支持他的大臣越来越多。宣帝怒斥那些之前反对的大臣，听了赵充国的计策，下令退兵屯田。

宣帝在位第十年，已改元三次，第五年改元为元康，第九年改元为神爵。到了神爵二年（前60），也就是赵充国西征的第二年，羌人就已经快要灭亡了。秋天，先零酋长杨玉被部众杀死，剩下的羌人纷纷归降。宣帝创立破羌、允街两个县安置羌人，并设置了护羌校尉。

辛武贤没有得到宣帝的赏赐，对赵充国非常不满。一天，他突然想起赵充国的儿子赵卬曾说张安世是在赵充国的秘密保举下才得到重用的。辛武贤随后弹劾赵卬泄露国家机密，又说了些谗言。宣帝看了奏章后，不许赵卬再进入皇宫。赵卬年轻气盛，去找父亲报告此事，又犯了军规，再次被弹劾，被捕入狱。赵卬悲愤不已，拔剑自刎。赵充国听说以后，心酸至极，上疏宣帝请求告老还乡。

> **蔡公曰** 赵充国之控驭诸羌，能战能守，好整以暇，及请罢兵屯田，尤为国家根本之计，老成胜算，非魏相等所可几及，而宣帝卒专心委任，俾得成功。有是臣不可无是君，充国其亦幸际明良哉！

匈奴臣服，万国来朝

羌人被赵充国征服后，匈奴便不敢轻举妄动，侵犯汉朝边界。壶衍鞮单于病死后，他的弟弟虚闾权渠即位。壶衍鞮的阏氏颛渠年过半百，却还想要做新的大阏氏。她勾引虚闾权渠，却被拒绝了。

因此，颛渠心生怨恨，就与样貌俊美的右贤王屠耆堂勾搭成奸。但是，右贤王有自己的部族要管理，与颛渠相处的时间非常有限。神爵二年（前60），虚闾权渠要在龙城与其他诸王会合，祭拜天地鬼神。屠耆堂又有机会与颛渠私会了。颛渠对屠耆堂说，单于现在身患疾病，你就不要回去了，可能有机会继承单于之位。

几天后，单于的病越发严重。颛渠的弟弟是左大且渠，名叫都隆奇。单于死后，都隆奇和颛渠马上拥立屠耆堂做了新的单于。屠耆堂改名为握衍朐鞮，颛渠成了他的阏氏，都隆奇拿到了执政权。

日逐王先贤掸与握衍朐鞮之前有过节，不肯服从他的命令，于是派人前往渠犁通报汉朝将军郑吉，希望能归顺大汉。郑吉调集五万兵马前去迎接，回到长安后日逐王被封为归德侯。从此以后，整个西域落入汉朝掌控之中。

握衍朐鞮得知日逐王投降汉朝后，就把日逐王的两个弟弟斩首

225

了。虚闾权渠的儿子稽侯珊在父亲死后，就逃到了岳父乌禅幕那里。乌禅幕是日逐王的姐夫，曾帮日逐王的弟弟求情。见求情无用，他就和左地贵人拥立稽侯珊，称为呼韩邪单于。握衍朐鞮残暴无道，人人痛恨，呼韩邪单于便起兵攻打。一路上，匈奴百姓听说呼韩邪单于来了，纷纷投降，握衍朐鞮手下的士兵只能仓皇逃窜，握衍朐鞮被杀。

握衍朐鞮死后，颛渠阏氏不知去向，都隆奇投靠了右贤王。右贤王是握衍朐鞮的弟弟，他和都隆奇商量后，立新任日逐王薄胥堂为屠耆单于。屠耆单于发兵攻打呼韩邪单于，并将其击败。于是，屠耆单于成为匈奴王庭的拥有者。

西方呼揭王前来拜访屠耆，和屠耆单于手下的唯犁当户一起诬陷右贤王。屠耆单于简单粗暴地处死了右贤王，而右地贵人共同向他诉说右贤王的冤情，屠耆又开始后悔，杀死唯犁当户。呼揭王担心自己也会被牵连，便自立为呼揭单于。随后，先贤掸的兄长右奥鞬王自立为车犁单于，乌籍都尉自立为乌籍单于。庞大的匈奴四分五裂，被五位单于瓜分。

宣帝再次改元，年号为五凤。五凤元年（前57），匈奴内乱的消息传到大汉。大臣们纷纷请求宣帝北伐匈奴。只有御史大夫萧望之头脑清醒，他说，之前单于曾请求与大汉和亲，如今被叛臣杀死，现在出兵讨伐，岂不是趁人之危？不如前去慰问，消除灾难，匈奴人必将感恩戴德，自愿臣服。

宣帝便派遣使臣前去慰问。匈奴内乱越发严重，使臣没法完成任务，只能回来。屠耆单于任用都隆奇，先后打败车犁和乌籍两位单于，两位单于投靠了呼揭。呼揭把单于的位置让给车犁，和车犁、乌籍共同抵抗屠耆。但是，屠耆兵力强大，三人合力仍被击败。就在屠耆乘胜追击的时候，呼韩邪单于休养完毕，攻入屠耆境内。屠耆慌忙回防，被打得大败，屠耆单于自杀身亡。随后，呼韩邪招降车犁，统一了匈奴。

匈奴的内乱还没有结束，屠耆的堂弟休旬王自立为闰振单于，呼韩邪的兄长也自立为郅支骨都侯单于。郅支骨都侯单于消灭了闰振，又攻打呼韩邪单于。呼韩邪连年征战，损兵折将，麾下已经没有精锐，只好派遣儿子进京当人质，向大汉求援。郅支骨都侯也派遣儿子请求大汉不要援助呼韩邪。

五凤之后，宣帝又改元甘露。甘露三年（前51），呼韩邪入朝拜见宣帝。宣帝听从萧望之的话，对呼韩邪采取怀柔政策，赏赐给他许多礼物。一个多月以后，呼韩邪单于再次回到塞外。出行时，有一万大汉骑兵保护。呼韩邪单于留在受降城，不仅有士兵保护，还有粮草接应。呼韩邪见宣帝如此厚待，就心甘情愿地臣服，不敢再反叛。

西域各国见匈奴都归附汉朝了，更加不敢再有二心。就连郅支骨都侯，也害怕呼韩邪带领汉兵卷土重来，干脆搬到距离王庭七千里外的地方。第二年，更是直接派遣使臣朝拜汉朝。

万国来朝，国泰民安，宣帝开始追忆功臣。于是，他给出了十一人，命画工描摹他们的肖像，并将其悬挂在麒麟阁中。这十一人分别是：大司马大将军博陆侯姓霍氏、卫将军富平侯张安世、龙骑将军龙额侯韩增、后将军营平侯赵充国、丞相高平侯魏相、丞相博阳侯丙吉、御史大夫建平侯杜延年、宗正阳城侯刘德、少府梁丘贺、太子太傅萧望之、典属国苏武。

霍家因为谋逆被灭族，但宣帝还是追念霍光的功勋，虽不能直接署名，但大家也知道是谁。苏武名声十分显赫，将他排在最后，是为了让外族人知道，汉朝像苏武这样的人才不在少数。

就在此时，乌孙国派来使者，带来楚公主的一封信。上面说，她年老思乡，希望皇上能允许她安葬故土。宣帝马上派遣车队前去迎接，与楚公主解忧一起回国的，还有奇女子冯夫人。

解忧原本嫁给的是乌孙王岑陬，之后又改嫁翁归靡。翁归靡上疏朝廷，想要立解忧所生的元贵靡做储君，请求朝廷再下嫁一位公主。于是，解忧的侄女被封为公主，由光禄大夫常惠护送公主和嫁妆。没想到还没走到乌孙，翁归靡就死了，即位的不是元贵靡，而是岑陬的儿子泥靡。面对常惠的责备，乌孙大臣说，岑陬的遗言说不许立元贵靡，常惠也没有办法。

泥靡性格暴戾，肆意妄为，不管是百姓还是大臣都很讨厌他。汉使魏和意、任昌抵达乌孙国后，听解忧公主说要诛杀泥靡，就设下埋伏，请泥靡来赴宴。没想到，刺杀失败，泥靡逃跑了。朝廷对于两位使臣擅自行动很是不满，于是派医生救治受伤的泥靡，还把魏和意、任昌二人杀死，让泥靡继续当乌孙王。没想到，翁归靡的儿子乌就屠趁乱起兵，杀死泥靡，自立为王。

乌就屠不是解忧的儿子，他做乌孙王显然不能让汉朝廷满意。于是，破羌将军辛武贤带着一万五千名士兵，前去讨伐乌就屠。西域都护郑吉认为，乌孙路途遥远，赶到乌孙时士兵也非常疲惫了，恐怕很难获胜，不如派冯嫽前去说服乌就屠让位。

冯嫽是解忧出嫁时身边的侍女，嫁给了乌孙右大将，人称冯夫人。冯夫人头脑聪慧，知书达理，短短几年时间就对西域各地的文字、风俗了如指掌。她奉解忧的命令，经常拿着汉朝符节交好西域各国，各国都非常尊敬她。

宣帝听说以后，就召见了冯夫人。他见冯夫人举止大方，彬彬有礼，口才也非常好，就命她为使者，前去招降乌就屠。冯夫人一去，果然就成功了。元贵靡当上乌孙王，被册封为大昆弥，乌就屠被封为小昆弥。

两年后，元贵靡病逝，继任乌孙王的是其儿子星靡。解忧此时已是七十多岁的老人，这才与冯夫人一起回京。解忧死后，冯夫人又听说星靡软弱无能，担心乌就屠加害他，才又去乌孙保护星靡。

> **蔡公曰** 苏武后，复有冯夫人之锦车持节，慰定乌孙，女界中出此奇英，足传千古，惜乎重男轻女之风，已成惯习。宣帝能破格任使，独不令绘其像于麟阁之末，吾犹为冯夫人叹息曰："天生若材，何不使易钗而弁也！"

王朝倾颓的开端

传闻有黄龙在广汉出现,宣帝改元黄龙。黄龙元年(前49)冬天,宣帝一病不起,还未等到来年春季,就已经奄奄一息。宣帝下诏,任命侍中史高为大司马兼车骑将军,太子太傅萧望之为前将军,少傅周堪为光禄大夫,共同辅佐太子。不久,宣帝就驾崩了,享年四十三岁。

太子刘奭即位,史称元帝。第二年改元,称为初元元年(前48)。他立王政君为皇后,皇后的父亲王禁为阳平侯,册封刘骜为太子,刘骜当时只有三岁。

史高被任命为大司马,他是宣帝的表叔,实际上并没有什么才能。元帝即位后,不管是外战还是内政,都由萧望之和周堪二人决定,元帝非常宠信他们。萧望之推荐刘更生为给事中,金日磾的侄子金敞作为侍中,他们都是人才,进一步打压了史高的权力。史高开始还有自知之明,知道自己才能不行,后来见四人声望越来越高,心中逐渐不满。

既然自己不行,为什么不找人帮自己呢?史高物色了两个宦官:一个是中书令弘恭,另一个是仆射石显。这两个宦官深得宣帝信任,但宣帝英明,并不让他们参政。元帝即位后,他们就觉得机会来了,毕竟元帝不像宣帝那样英明，可以哄骗一下。于是，史高就与他们串通一气，狼狈为奸。石显与史高关系密切，史高更是对石显言听计从。萧望之、周堪发现此事后，便向元帝进言，请求罢免宦官。

弘恭与石显开始怀疑萧望之和周堪要对付他们，就找了个理由，把刘更生调了出去。萧望之的应对策略，就是找几个大儒来做谏官。

会稽人郑朋想要巴结萧望之，便告发史高派人索取贿赂，还讲述了许家和史家子弟放纵的情形。周堪和萧望之开始时觉得郑朋是个正直的人，打算任用。但萧望之多了个心眼，命人跟踪、调查郑朋，发现此人劣迹斑斑，于是就告诉周堪，不要推荐他。郑朋见萧望之一派不肯用他，就转投史高。史高恨他入骨，郑朋就说自己之前告发史高索贿，是受周堪和刘更生指使，现在他愿意赎罪。另一个名叫华龙的人，经历与郑朋类似，同样转投史高门下，与郑朋同流合污。二人得弘恭与石显的命令，弹劾萧望之、周堪、刘更生，说他们在朝堂上排挤史家和许家。

元帝命弘恭、石显调查几人。两个宦官拿着鸡毛当令箭，马上命令廷尉将三人抓捕入狱。直到半个月后，元帝想要问周堪、刘更生事情的时候，才得知他们在监狱里。弘恭和石显赶紧告罪，这才幸免被罚。

一计不成，二人又与史高商量，由史高进言元帝，说元帝刚刚即位就把师父萧望之等人抓进监牢，要是三人没有罪过，群臣岂不是要非议陛下？元帝认为此言有理，在放三人出狱时，将其贬为平民。

一个月后，陇西发生大地震。又过了几十天，地震再次发生。元帝认为这是罢免师父触怒上苍的表现，重新把萧望之封为关内侯，并打算把周堪和刘更生召回朝堂，封为谏大夫。两个宦官见势不妙，赶紧劝元帝，说这是承认自己有过失的做法。元帝思前想后，就让二人担任中郎，而不是谏大夫。

刘更生担心萧望之被小人陷害，就托人上疏皇帝，说地震是因为弘恭、石显等人，应该罢免他们，重用萧望之。弘恭、石显猜到是刘更生派人干的，于是让刘更生在反击中失去官职。萧望之担心自己被连累，就让儿子上疏，说自己上次被无故罢免，希望元帝为他伸冤。

元帝拿不定主意，就请群臣商议。群臣慑于石显等人的权势，居然无人敢为萧望之辩解，反而说萧望之让儿子上疏喊冤，有失体统，应该下狱。元帝见群臣都这样说，也认为萧望之有罪，就派人召见萧望之。石显再次拿到令箭，直接派人围住萧望之的府邸。萧望之不愿意下狱受辱，于是服毒自尽。

元帝认为两个宦官逼死了萧望之，打算责备他们一番。两个宦官假装惊慌失措，元帝又动了恻隐之心，最后只是让他们两人退下，然后提拔周堪为光禄勋，周堪的弟子张猛为给事中。

弘恭没多久就病死了，石显当上了中书令，权力更大，气焰更加嚣张。初元五年后，改元永光。元帝即位后的几年里，天灾不断。谏官认为这是大臣的过错，于是史高、于定国、薛广德请求辞官，元帝批准了。之后，韦玄成被提升为丞相。他是个泥菩萨一样的丞相，担任御史大夫的郑弘也是个沉默寡言、不管事情的官。与石显对抗的，只有周堪和张猛。

已经丢了官职的刘更生担心周堪被陷害，又给元帝写奏折，希望元帝清除身边的奸臣。石显知道此事后，就想着先除掉周堪和张猛。

当时正是夏天，天气突然变冷，太阳黯淡无光。石显及其党羽就弹劾周堪、张猛滥用职权，惹怒上天。

元帝没了主意，他很欣赏长安令杨兴，就找杨兴来问话。杨兴平日里经常在元帝面前拍周堪的马屁，但此时他却认为周堪已经失去了皇帝的信任，于是顺势说起周堪的坏话。元帝还在犹豫，城门校尉诸葛丰也上疏弹劾周堪和张猛。元帝决定，把诸葛丰贬为平民，把周堪调为河东太守，张猛为槐里令。

诸葛丰并非石显一党，他本是个刚毅、正直的官员。一次，侍中许章的门客被诸葛丰抓获，许章也被牵连。诸葛丰想要抓许章下狱，没想到许章跳上马车逃走了。到了皇宫，许章反而诬陷诸葛丰擅自捉拿朝廷重臣。诸葛丰很是委屈，希望有正直之名的周堪和张猛能为他说话，几天也不见音讯，写信给他们，他们也没有应答。因此，诸葛丰以为他们二人也在落井下石。

周堪、张猛被外放后，石显就越发肆无忌惮。贾谊的曾孙贾捐之因为上疏石显的罪过，被赐死。第二年，还是天灾不断。元帝询问东海郡的匡衡，匡衡认为是天人感应的原因。于是，元帝重新把周堪和张猛召回朝廷。周堪、张猛回来以后，发现重臣都是石显的人。元帝此时又生病，不常上朝。周堪有事要和元帝说，居然要石显帮忙传话。周堪已经年老，经不起如此忧虑，积郁成疾，病死了。没了周堪，石显党羽对张猛的攻击更加猛烈。张猛不堪受辱，拔剑自刎。

此后，凡是敢说石显是奸臣的，马上就会遭到打击报复。郎官京房因为暗示石显是奸佞小人，被陷害，判处死刑。京房的好友御史大夫郑弘也被牵连，免去官职。御史中丞陈咸与萧望之的弟子朱云相交莫逆。一次，石显的同党五鹿充宗讲经时被朱云驳斥，于是深恨朱云，一心想找机会报复。

朱云和陈咸都是正直之人，打算弹劾丞相韦玄成尸位素餐，再弹劾石显专权。两人官职太小，没能扳倒韦玄成，反而被丞相记恨。之后，朱云杀人，被告发。韦玄成说朱云平日里就作恶多端，在旁的陈咸赶紧给朱云写信，朱云请求陈咸帮忙想办法。

陈咸写了奏折，打算呈给元帝，请求御史中丞办理此案。五鹿充宗看见以后，马上把事情告诉了石显，随后就求元帝把案子交给韦玄成办理。朱云得知此事后，赶紧进城找陈咸商谈办法。韦玄成知道后，便弹劾陈咸窝藏罪犯。

二人被抓后,陈咸被严刑拷打,幸好有慷慨侠义的杜陵人朱博,宁可挨几百鞭子也要为陈咸说话,这才打动了廷尉。再加上韦玄成突然患病,就放宽了惩罚。二人被罚去修城五年,朱云被削职为平民。

> **蔡公曰** 萧望之、周堪、刘更生三人,皆以经术著名,而于生平涵养之功,实无一得。望之失之傲,堪失之贪,更生则失之躁者也。丙吉为一时贤相,年高望重,望之且侮慢之,何有于史高,然其取死之咎,即在于此。周堪于望之死后,即宜引退,乃犹恋栈不去,并荐弟子张猛为给事中,植援固宠之讥,百口奠辞。刘更生则好为危论,非徒无益而又害之。夫不可与言而与之言,是谓失言,智者不为也。更生学有余而识不足,殆亦意气用事之累欤?若元帝之优柔寡断,徒受制于宦官外戚而已。虎父生犬子,吾于汉宣元亦云。

后宫里的那些事

韦玄成死后，匡衡成了丞相。匡衡也不敢与石显作对，当起了泥菩萨。石显有个姐姐，想要嫁给郎中甘延寿，甘延寿不喜欢石显，就拒绝了。

郅支骨都侯单于数次杀死汉使，又经常欺凌西域其他小国。建昭三年（前36），甘延寿作为西域都护骑都尉，联合西域其他国家，出兵杀死了郅支骨都侯单于。

虽然石显怨恨甘延寿，从中作梗，元帝还是封甘延寿为义成侯，甘延寿的副官陈汤为关内侯。

竟宁元年（前33），呼韩邪单于入朝进谏。郅支骨都侯被杀，相当于去掉了呼韩邪的一块心病。随后，他向元帝请求和亲。元帝打算找个宫女冒充公主，嫁给呼韩邪，就在宫女图中，随便提笔选了一个。

宫女准备妥当时，元帝才发现被选中的宫女王昭君美貌无比。原来是画工毛延寿向王昭君索贿，王昭君生性高傲，不肯出钱，毛延寿就把她画得其貌不扬。这让元帝后悔无比。王昭君随呼韩邪出塞后，元帝因此抑郁成疾，一命呜呼。

元帝驾崩后，太子刘骜即位，史称汉成帝。成帝尊王皇太后为太皇太后，尊母后王氏为太后，封舅舅阳平侯王凤为大司马、大将军、领尚书事。王凤知道石显是个奸佞小人，就让成帝贬石显为信太仆。之前依附石显的官员们，见石显失势，纷纷落井下石。于是，石显被免，死在回乡的路上。满朝大臣，只有王尊指出，如今弹劾石显的也不是什么好人，弹劾石显不过是为了减轻自己的罪过。成帝刚刚即位，为了稳定朝纲，对王尊的话置之不理，反而把他贬官了。王凤知道王尊委屈，却也没有办法。

外戚王家升官的不仅有王凤，还有王崇、王谭、王商、王根等人，他们都被封为关内侯。因为爵位不高，即便没有功勋，群臣也都闭口不谈此事。

　　成帝十分好色,还是太子的时候就经常四处寻欢。后来,元帝为他指了许氏为太子妃。许氏美若天仙,二人恩爱非常。成帝独宠许氏一人,许氏给成帝生下一儿一女,但都夭折了。许氏又不许成帝碰其他妃嫔,导致成帝始终没有继承人。

　　在成帝的纵容下,王氏外戚的权力越来越大。特别是王凤,已经开始专权。丞相匡衡的儿子酒后杀人,他的属官计划劫狱,此事被成帝得知后,下诏严办。匡衡得知后,赶紧入宫请罪。随后,又有官员弹劾匡衡盗取田地。于是,匡衡被贬为平民,左将军王商成为新的丞相。

　　王商与王凤并不和睦,二人都希望剪除对方而后快。河平四年(前25),琅琊郡有灾荒,王商便派人前去查办。琅琊太守杨肜是王凤的亲家,王凤担心杨肜被罢官,就找王商说情。王商不肯,还直接弹劾杨肜,要求将其罢官。虽然成帝没有批准,但王凤与王商的矛盾越来越激化。

　　王凤恨王商一点面子都不给,就想诬陷王商,于是便派人揭发王商家事。由于没有实证,成帝将其搁置了。一段时间后,发生日食,大中大夫张匡说这是近臣有错导致的。成帝派左将军史丹询问张匡,张匡便说王商强奸父亲婢女,与妹妹有染,王凤命人告发的事情属实。成帝器重王商,没有相信张匡的话。但王凤又入宫劝说,成帝才收回王商的丞相官印。王商哪里受过这种气,不到三天就吐血而死。之后,王商的子弟皆被贬官,张禹成了新的丞相。张禹不敢与王凤作对,成了王凤的应声虫。

　　几年后,天下太平,王凤却突然得了重病,卧床不起。成帝探望时，王凤哭求成帝，让堂弟王音继承他的职位，成帝允许了。王音不像王凤那样跋扈，所以成帝开始掌权。他任用了一些有才能的大臣，国家开始繁荣起来。

眼见国泰民安，成帝又开始拈花惹草。此时许皇后已经年过三十，容貌渐衰，成帝不再喜欢她，转而宠幸班婕妤。班婕妤为成帝生下一个男孩，不久也夭折了。班婕妤为了固宠，命侍女李平侍寝，李平也被封为婕妤。王凤推荐的张美人也被成帝宠幸许久。但是，这些人都没能给成帝生下儿子。

侍中张放是张安世的后人，他貌似女子，经常与成帝同寝，深受宠爱。他知道成帝爱玩，就劝说成帝微服出巡。几次以后，成帝就喜欢上了外出游玩。

一次，成帝到阳阿公主家饮宴。公主招来歌女助兴，其中一人歌甜貌美，舞姿轻盈。饮宴之后，成帝便将歌女带回皇宫，夜夜宠爱。此女就是古今闻名的赵飞燕。

后成帝又得知赵飞燕有个妹妹名叫赵合德，同样貌美，连忙派人去找赵合德。成帝一见赵合德，就被她迷住，封她为婕妤。从此以后，成帝轮流住在赵家姐妹的宫中，对皇后更是完全不理。

许皇后得知此事，心有不甘。她的姐姐许谒找来巫师，诅咒赵家姐妹。宫中有内侍得知此事，告诉了赵家姐妹。赵家姐妹早就对皇后的位置虎视眈眈，便把罪名安在了许皇后和班婕妤身上。成帝十分恼怒，废掉了皇后。班婕妤光明磊落，不惧生死。成帝被她感动，饶恕了她。但班婕妤见赵家姐妹来势汹汹，自己也没有了争宠的想法，就请求去伺候太后。

许皇后被废，赵飞燕得偿所愿，成了皇后，赵合德也被封为昭仪。二人性情淫乱，在宫中豢养俊美少年。一人伺候成帝，另一人就与情夫颠鸾倒凤。赵飞燕还打算找多子多孙的侍郎、宫奴借种，以生下皇子。但两姐妹过于放荡，哪里还能生下儿子呢？

久而久之，成帝的身体越来越差。王太后和班婕妤的弟弟班伯都劝说成帝要戒除酒色。最后，在王太后的要求下，成帝只好把张放派了出去。

成帝也着急自己没有儿子，想要宠幸宫女，但赵家姐妹不许。成帝偷偷找宫女曹晓的女儿曹宫侍寝，几次后曹宫怀孕，生下一个男婴。成帝大喜，派了六个宫女服侍曹宫。赵合德察觉后，把曹宫打入后宫监狱，逼她自尽，又处死了婴儿。成帝因为惧怕赵合德，居然不敢救援。

除了曹宫，成帝还有一个许美人。许美人每年都与成帝见面几次，也生下一个男孩。有了曹宫的前车之鉴，成帝处处防备赵合德，派医生、乳娘照顾许美人。不久，他又担心赵合德听到消息，只好亲自告诉她，希望能保全许美人母子。没想到，赵合德得知此事后，一哭二闹三上吊，逼得成帝发誓不册立许美人才算罢休。几天后，成帝命人把婴儿带来，让赵合德查看后，就把婴儿放在箱子里，并在箱子上贴了封条，命人埋在偏僻处。

因为宠幸赵家姐妹，成帝直到驾崩，都没有留下一个儿子。

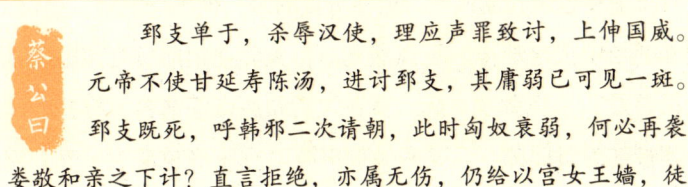

> **蔡公曰**
> 郅支单于，杀辱汉使，理应声罪致讨，上伸国威。元帝不使甘延寿陈汤，进讨郅支，其庸弱已可见一斑。郅支既死，呼韩邪二次请朝，此时匈奴衰弱，何必再袭娄敬和亲之下计？直言拒绝，亦属无伤，仍给以宫女王嫱，徒使绝代丽姝，终沦异域，嗟何及欤！或谓元帝不贪女色，示信外夷，犹有君人之度，讵知王道不外人情，一夫不获，时予之辜，何忍摧残红粉，辱没蛮夷！如果见色不贪，尽可使之出嫁才郎，谐成嘉耦。天子且不能庇一美人，谓非庸弱得乎？"一去紫台连朔漠，独留青冢向黄昏。"读杜少陵诗，窃为之感慨不置云。

王莽：窃国似乎并不难

王氏外戚把持朝政，互相争斗，闹得朝堂乌烟瘴气。在王氏子弟中，有一个人名叫王莽，也得到了成帝的任用。

王莽是王太后的侄子，孝顺母亲，体贴寡嫂，尊敬叔伯，爱护兄弟，对待朋友也是礼貌周到。更加可贵的是，他勤学好问，生活节俭，这在外戚当中很是难得。王凤病危时，王莽在跟前日夜照顾，所以深得王凤喜爱。王凤弥留之际，就在太后和成帝面前极力推荐王莽，于是王莽被封为黄门郎，后又升为射声校尉。王商也喜欢王莽，朝中大臣也经常举荐他，于是王莽就成了新都侯，被封为光禄大夫。

王莽升官以后，不仅没有骄纵跋扈，反而越发谦恭。他把得到的金银分给宾客，虽然没有多余的钱财，但是他的名声越来越大。

王商病死后，继任大司马的是王立。王立因为私卖田地被揭发，大司马的位置就被王根接替了。王根病重，此时已是侍中的王莽想要接替大司马的位置。但是王太后的外甥淳于长因为在赵飞燕封后一事上出过力气，深得赵飞燕的喜爱，权倾朝野，成为王莽的劲敌。

龙额侯韩宝的妻子许嬷是废后许氏的姐姐，丈夫死后，她就与淳于长勾搭成奸。许氏此时不甘心被废，想要被封为婕妤，于是就把积蓄拿给姐姐，希望淳于长能在成帝面前说情。淳于长知道此事难办，但又见财起意，就哄骗许氏，说会恳求成帝。时间长了，许氏有些着急，就催促淳于长，不料，却被淳于长写信羞辱。此事被王莽得知后，告诉了王根和王太后。成帝偏爱淳于长，不忍治罪，就让他离京了。

淳于长即将离京时，碰到王立的儿子王融向他讨要车马。王融认为，淳于长要离京了，车马不可能全都带走，不如送给自己。淳于长和王融本就是表兄弟，他答应了。但是京城繁华，淳于长不想走，就拿出珍宝送给王融，希望王立能帮忙说情。

王立之前不能辅政，觉得是淳于长说的坏话，于是就经常在成帝面前说淳于长的过错。这一次收了钱，突然为淳于长说起好话来，让成帝非常怀疑。经过调查，他知道是王融收受了贿赂，便派人捉拿王融。王融见事不妙，服毒自尽了。淳于长也被抓入大牢拷打，承认了自己的所作所为，死在狱中，废后许氏也因这件事情被赐死。王莽因为检举有功，接替了王根大司马的职位。

一天，成帝留宿在赵合德处，清晨起床时突然栽倒。赵合德连声呼喊，成帝也不答应。用手触摸她才发现，成帝已经驾崩。虽然成帝不是被赵合德谋害，但她之前做的亏心事实在太多，听说太后命令王莽查明成帝暴毙的原因，她就知道自己瞒不过去了。于是，她给了贴身侍婢很多钱财，告诉她们不要说起以前的事情，随后就服药自尽了。

成帝驾崩，即位的是成帝的侄子，太子刘欣，史称汉哀帝。王氏从皇太后变成太皇太后，赵飞燕成了太后。哀帝是傅昭仪的孙子，因此傅昭仪也想成为皇太后，让自家亲属得到封赏。高昌侯董宏趁机逢迎哀帝，称庄襄王是夏氏所生，过继给了华阳夫人。即位之后，两个母亲都是太后。哀帝大喜，正要下诏，没想到王莽和左将军师丹联名弹劾董宏，说董宏用亡秦的弊政蛊惑哀帝，是大不敬。哀帝心中不快，但王莽是太皇太后的侄子，只好把董宏贬为平民。

傅昭仪得知此事后到未央宫责备哀帝，哀帝没有办法，只好去找太皇太后。太皇太后性子软弱，就同意了，尊定陶恭王为恭皇，定陶太后傅氏为定陶恭皇后，恭皇妃丁姬为定陶恭皇后。傅太后有三个堂弟，分别是傅晏、傅喜和傅商。傅晏的女儿成了皇后，他被封为孔乡侯。傅太后的父亲被封为崇祖侯，丁皇后的父亲被封为褒德侯，丁皇后的侄子丁满被封为平周侯，哥哥丁明被封为阳安侯。赵太后的弟弟赵钦被封为新城侯，赵钦哥哥的儿子赵䜣被封为成阳侯。王、赵、丁、傅四家外戚身份显赫，都在京城做官。

一日，太皇太后在未央宫办酒席，邀请诸位太后宴饮。在排位的时候，傅太后的位置被摆在了太皇太后的旁边。王莽见后勃然大怒，呵斥侍者说："定陶太后乃是藩妾，怎能与至尊并坐？"直到侍者把座位挪开，王莽才出去。因为这件事情，傅太后不肯赴宴，随后她又威胁哀帝赶走王莽。王莽知道以后主动请辞，这件事情又赢得满朝公卿的好感，称他有古大臣之风。

王莽请辞后，满朝大臣希望傅喜能接任。傅喜虽是傅家人，但品行端正，很有名望。但也因为他正直，才不得傅太后喜欢。所以，左将军师丹成了大司马。由于傅太后接二连三地干政，哀帝越发没有操持政务的兴趣，傅太后则开始打压王、赵两家外戚，独揽大权。

哀帝十分宠爱一个名叫董贤的男人。董贤容貌秀丽，姿态温柔。

哀帝对他一见钟情，便让他随身伺候。一天，董贤与哀帝同床而睡。哀帝醒来见董贤还没有醒，不忍心惊动他，但袖子又被董贤压住，于是就拔出佩刀割断袖子，悄然离去。从那以后，男子喜欢男色被称为断袖之癖。董贤有个妹妹长得和兄长很像，哀帝见后也留其侍寝，封她为昭仪。董贤的妻子也有几分姿色，哀帝看了以后十分心动，董贤就把妻子献给了哀帝。从那以后，董贤经常和妻子、妹妹，轮流侍奉哀帝。

建平四年（前3）后，哀帝改元元寿，将傅晏升为大司马卫将军，丁明升为大司马骠骑将军。当天下午就发生了日食，于是他召集群臣商议。丞相王嘉弹劾董贤，丹阳人杜邺又称外戚掌权设置两个大司马触怒上天。哀帝对董贤是发自内心的喜爱,自然动不得。但丁家和傅家专权,引起了哀帝的怀疑。

没过多久,傅太后生病,不到十天就死了。傅太后死后,哀帝和董贤更加肆无忌惮。哀帝居然任命董贤为大司马,此时董贤只有二十二岁。这样的恩宠哀帝尚觉不够,一次酒后,居然说要效仿尧舜,把帝位让给董贤。没想到,没过多长时间,哀帝就得了怪病,几天后就驾崩了,时年二十六岁,在位六年。

董贤感念哀帝大恩,在寝宫门外大哭不止。太皇太后到来,询问董贤该如何办理哀帝的丧事。董贤哪里处理过这样的事情。于是,太皇太后说,新都侯王莽办理过先帝的丧事,不如让他来帮忙。董贤答应后,太皇太后马上把王莽召来。没想到,王莽抵京以后,马上就向太皇太后说,董贤无功无德,配不上大司马的位置,随后就借太皇太后的旨意弹劾董贤,收回董贤的官印。董贤担心王莽会报复自己,于是就在家中和妻子一起自杀了。太皇太后封王莽为大司马,掌管尚书事,从此他开始一手遮天。

王莽专政以后,马上和太皇太后商议,准备立中山王刘箕子为帝。随后,打击另外几家外戚。赵太后因与妹妹残害成帝儿子被贬为孝成皇后,傅皇后因为其父傅晏多行不法之事被赶去桂宫,贬为定陶恭王母,丁太后被贬为丁姬,丁家和傅家子弟都被免官。

刘箕子抵达京城后,改名为刘衎,登基后,史称汉平帝,改元元始。平帝登基时只有九岁,不能亲政,由太皇太后临朝,王莽为首辅,百官对王莽唯命是从。群臣私下议论,既然平帝登基,生母卫姬就应该被加封太后。但王莽担心卫家成为新的外戚,重蹈覆辙,就一边同意册封卫姬为中山孝王后,一边又不许卫家人来到京城。

为平帝选后的时候,王莽见名册上以王氏女儿居多,就连自己女儿也在其中,就找太皇太后说自己的女儿不配入选。太皇太后会错意,认为王莽不想要让外戚成为皇后,就把所有的王氏女儿都钩掉了。其实,王莽是想要留下女儿,这下弄巧成拙了。幸好有百官为了讨好王莽,请求立王莽的女儿为皇后,此事才成功。之后,王莽又找理由处死许多外戚,也包括自己儿子在内的许多王氏族人。这既稳固了王莽的位置,又让百官觉得王莽有大义灭亲的德行。

就这样,王莽在内讨好太皇太后,在外收买异族提高声望,又在朝堂和民间树立起光辉的形象,他的声望、地位已经比一般的诸侯王还高了。

平帝十四岁时,逐渐有了智识,开始认清王莽的所作所为是多么歹毒。因此,在与王莽见面时,他经常面露怒色,背后也说了王莽的许多坏话。他身边都是王莽的耳目,马上就有人把这些事情告诉王莽。王莽得知以后,心想,皇帝还小就已经怨恨我,长大以后必成祸患,既然自己已经掌握大权,不如先发制人,夺取汉室江山。

等到腊日进献椒酒时,王莽在酒中下毒,毒死了年仅十四岁的平帝。由于平帝无后,王莽就打算选宣帝最小的玄孙、年仅两岁的刘婴做继承人。两岁的皇帝又如何能执政呢?于是,王莽成了摄皇帝,改元居摄,次年是为居摄元年。

王莽倒行逆施,诸侯王和地方大臣认为王莽有篡夺汉室江山的想法,纷纷起兵。王莽一边派将领抵挡,一边抱着刚刚被立为皇太子的刘婴到宗庙祷告,写诏书表明将来要还位给刘婴。这才激发了士气,击败了各地起义军。

居摄三年（公元8），王莽改元初始。太皇太后此时才醒悟，王莽是要篡位，但此时王莽已经尽掌大权。十二月，王莽祭祀过高祖庙后，就改穿天子龙袍、坐龙椅了。朝中大臣纷纷向王莽道贺，王莽改国号为新。群臣跪地，高呼新皇帝万岁。

随后，王莽派堂弟王舜去长乐宫向太皇太后索要传国玉玺。太皇太后怒斥王舜，取出玉玺狠狠摔在地上，摔碎了玉玺一角。王莽见玉玺摔碎，就用金去修补。从此以后，传国玉玺留下了残缺不全的痕迹。

王莽改称太皇太后为新室父母皇太后，刘婴被废为定安公，孝平皇后为定安太后。西汉共传十二位君主，历时二百一十年，就此灭亡。

王莽：窃国似乎并不难

蔡公曰 孝元皇后，无傅太后之骄恣，又无赵氏姊妹之淫荒，亦可谓母后中之贤者。乃过宠王莽，使其罔上行私，得窃国柄，是则失之愚柔，非失之骄淫也。莽知元后之易与，故设为种种欺媚，牢笼元后于股掌之中。迨弑平帝而元后不察，迎孺子而元后不争，称摄皇帝假皇帝而元后不问，徒怀藏一传国玺，不欲遽给，果何益耶？要之妇人当国，暂则危，久则亡。元后享年八十有余，历汉四世，不自速毙，宜乎汉之致亡也。呜呼元后！呜呼西汉！